JN429157

대한민국 법령 시리즈 110

하 천 법

법령

시행령

시행규칙

해 광 출 판 사

머리말

이 책은 방대한 법전을 보지 않고 간편하게 해당되는 법령만 참고해서 볼 수 있도록 하였습니다. 공공기관이나 관련 종사자들이 쉽고 간편하게 해당 법령을 참조 할 수 있도록 하였습니다.

특히 해당법률은 물론 관련 시행령, 시행규칙을 함께 실어 관련법을 서로 참고할 수 있게 하였습니다.

법률이라는 것이 크든 작든 항상 변하는 관계로, 출간 이후의 정확하고 최신의 법률은 법제처 국가법령정보센터에서 확인이 가능하니 법률의 실제 적용 시 확인이 필요한 점 유의하기를 바랍니다.

편집부

* 수록 법률은 법제처 국가법령정보센터에서 확인 가능합니다.
* 발행일 기준 시행 법률이므로 최신 법령은 위 센터에서 볼 수 있습니다.
* 본 책자에 수록된 법률의 문구에 대하여 법적인 효력은 없으며,
  실제 적용 법률은 위 센터에서 최신의 법률로 확인하시기 바랍니다.
* 해당 법령과 함께 시행령, 시행규칙도 수록되어 있습니다.
* 발행일 기준으로 개정 예정 법률은 밑줄로 별도 표시되어 있으며,
  보다 정확한 것은 법제처에서 확인하기 바랍니다.

목차

하천법 / 7

하천법 시행령 / 95

하천법 시행규칙 / 165

하천법

[시행 2024. 9. 15.] [법률 제19702호, 2023. 9. 14., 타법개정]

제1장 총칙

제1조(목적)

제2조(정의)

제3조(국가 등의 책무)

제4조(하천관리의 원칙)

제5조(권리 · 의무의 승계 등)

제6조(다른 국가사업 등과의 관계)

제2장 하천의 지정 등

제7조(하천의 구분 및 지정)

제8조(하천관리청)

제9조(경계하천의 관리)

제10조(하천구역의 결정 등)

제11조삭　제

제12조(홍수관리구역)

제13조(하천의 구조 · 시설 및 유지 · 보수 등의 기준)

제14조(하천시설의 관리규정)

제15조(하천시설에 대한 관리대장 등)

제3장 정보화 및 계획 수립 〈개정 2017. 1. 17.〉

제16조삭　제

제17조삭　제

제18조삭　제

제19조삭　제

제20조삭　제

제21조삭　제

제21조의2(하상변동조사의 실시)

제22조(하천관리 자료의 정보화)

제23조삭　제

제24조삭　제

제25조(하천기본계획)

제26조(하천시설의 비상대처계획)
제4장 하천공사 등의 시행
제27조(하천관리청의 하천공사 및 유지 · 보수)
제28조(하천공사의 대행)
제29조(공사원인자의 공사 시행)
제30조(하천관리청이 아닌 자의 하천공사)
제31조삭 제
제32조(다른 법률에 따른 인 · 허가등의 의제)
제5장 하천의 점용 등
제33조(하천의 점용허가 등)
제34조(기득하천사용자의 보호)
제35조(하천점용에 대한 손실보상의 협의 등)
제36조(하천점용공사의 대행)
제37조(점용료등의 징수 및 감면)
제38조(홍수관리구역 안에서의 행위제한)
제39조(댐등 설치자 또는 관리자의 재해방지시설의 설치 등)
제40조삭 제
제41조(홍수조절을 위한 조치)
제42조삭 제
제6장 하천환경의 보전 · 관리
제43조(자연친화적인 공법의 사용 등)
제44조(자연친화적 하천조성을 위한 보전지구 등의 지정)
제45조(보전지구 등의 관리)
제46조(하천 안에서의 금지행위)
제47조(하천의 사용금지 등)
제48조(원상회복의무)
제7장 하천수의 사용 및 분쟁조정
제49조(하천수 사용 및 배분의 원칙)
제50조(하천수의 사용허가 등)
제50조의2(일시적 하천수의 사용신고 등)
제51조(하천유지유량)
제52조(하천수의 사용 및 관리)
제53조(하천수 사용의 조정)
제54조(하천수 분쟁조정의 신청 등)
제55조(하천수 분쟁조정의 거부 및 중지)
제56조(하천수 분쟁조정의 효력 등)

제57조(하천수 분쟁조정비용의 부담)
제8장 하천에 관한 비용과 수익
제58조(비용과 수익의 범위)
제59조(비용부담의 원칙)
제60조(대행공사 등의 비용)
제61조(지방자치단체의 비용부담)
제62조(겸용 공작물에 대한 하천관리청의 부담)
제63조(의무이행에 필요한 비용)
제64조(비용보조)
제65조(부담금의 귀속)
제66조(수입금의 사용제한)
제67조(부담금 등의 강제징수)
제68조(잘못 납부된 부담금 등의 반환)
제9장 감독
제69조(법령위반자 등에 대한 처분 등)
제70조(공익을 위한 처분 등)
제71조(하천관리청에 대한 감독 등)
제72조(하천관리원)
제73조(행정대집행의 적용 특례)
제74조(하천관리상황의 점검 등)
제10장 보칙
제75조(타인의 토지에의 출입 등)
제76조(공용부담 등으로 인한 손실보상)
제77조(감독처분으로 인한 손실보상)
제78조(토지 등의 수용 · 사용)
제79조(토지등의 매수청구)
제80조(매수청구의 절차 등)
제81조(매수청구토지등에 관한 비용)
제82조(손실보상업무 등의 위임 또는 위탁)
제83조(하천표지)
제84조(폐천부지등의 관리)
제85조(폐천부지등의 교환 · 양여)
제86조(폐천부지등에 관한 비용 등)
제87조삭 제
제88조(협회의 설립)
제89조삭 제

제90조(보고 및 출입 등)
제91조(청문)
제92조(권한의 위임 · 위탁 등)
제92조의2(벌칙 적용에서 공무원 의제)
제11장 벌칙
제93조(벌칙)
제94조(벌칙)
제95조(벌칙)
제96조(벌칙)
제97조(양벌규정)
제98조(과태료)

**개정 예정 법률 밑줄 별도 표시.

하천법

[시행 2024. 9. 15.] [법률 제19702호, 2023. 9. 14., 타법개정]

제1장 총칙

제1조(목적) 이 법은 하천사용의 이익을 증진하고 수생태환경을 고려하여 하천을 자연친화적으로 정비·보전하며 기후변화 등으로 인한 수재해를 예방하기 위하여 하천의 지정·관리·사용 및 보전 등에 관한 사항을 규정함으로써 하천을 적정하게 관리하고 공공복리의 증진에 이바지함을 목적으로 한다. 〈개정 2023. 1. 3.〉

제2조(정의) 이 법에서 사용하는 용어의 정의는 다음과 같다. 〈개정 2009. 4. 1., 2012. 1. 17., 2013. 3. 23., 2020. 6. 9., 2020. 12. 31., 2023. 1. 3.〉

1. "하천"이라 함은 지표면에 내린 빗물 등이 모여 흐르는 물길로서 공공의 이해와 밀접한 관계가 있어 제7조제2항 및 제3항에 따라 국가하천 또는 지방하천으로 지정된 것을 말하며, 하천구역과 하천시설을 포함한다.

2. "하천구역"이라 함은 제10조제1항에 따라 결정된 토지의 구역을 말한다.

3. "하천시설"이라 함은 하천의 기능을 보전하고 효용을 증진하며 홍수피해를 줄이기 위하여 설치하는 다음 각 목의 시설을 말한다. 다만, 하천관리청이 아닌 자가 설치한 시설에 관하여는 하천관리청이 해당 시설을 하천시설로 관리하기 위하여 그 시설을 설치한 자의 동의를 얻은 것에 한정한다.

가. 제방·호안(護岸)·수제(水制) 등 물길의 안정을 위한 시설

나. 댐·하구둑(「방조제관리법」에 따라 설치한 방조제를 포함한다)·홍수조절지·저류지·지하하천·방수로·배수펌프장(「농어촌정비법」에 따른 농업생산기반시설인 배수장과 「하수도법」에 따른 하수를 배제(排除)하기 위하여 설치한 펌프장은 제외한다)·수문(水門) 등 하천수위의 조절을 위한 시설

다. 운하·안벽(岸壁)·물양장(物揚場)·선착장·갑문 등 선박의 운항과 관련된 시설

라. 그 밖에 대통령령으로 정하는 시설

4. "하천관리청"이라 함은 하천에 관한 계획의 수립과 하천의 지정·사용 및 보전 등을 하는 환경부장관, 특별시장·광역시장·특별자치시장·도지사·특별자치도지사(이하 "시·도지사"라 한다)를 말한다.

5. "하천공사"라 함은 하천의 기능을 높이거나 자연성을 보전·회복하기 위하여 하천의 신설·증설·개량·보수 및 복원 등을 하는 공사를 말한다.

6. "유지·보수"라 함은 하천의 기능이 정상적으로 유지될 수 있도록 실시하는 점검·정비 등의 활동을 말한다.

7. 삭제 〈2017. 1. 17.〉

8. "하천수"라 함은 하천의 지표면에 흐르거나 하천 바닥에 스며들어 흐르는 물 또는 하천에 저장되어 있는 물을 말한다.

제3조(국가 등의 책무) ①국가는 하천을 효율적으로 이용·관리하고 하천을 자연친화적으로 보전·정비하며 기후변화 등으로 인한 수재해에 효과적으로 대응하기 위하여 하천에 관한 종합적인 계획을 수립하고 합리적인 시책을 마련할 책무를 진다. 〈개정 2023. 1. 3.〉

② 국가 및 지방자치단체는 하천의 이수·치수·물환경 관리에 지장이 없는 범위에서 하천구역에서의 불법행위 등으로 인하여 국민이 하천구역을 여가 활동의 공간으로 이용하는 데 제한을 받지 아니하도록 필요한 시책을 강구하여야 한다. 〈신설 2024. 2. 20.〉

③지방자치단체는 국가의 시책에 따라 필요한 조치를 하고 그 관

할구역의 특성에 맞는 계획을 수립·시행하여야 한다. 〈개정 2024. 2. 20.〉

④국민은 국가 및 지방자치단체의 하천관리시책에 적극 협력하고 하천의 보전과 오염방지를 위하여 노력하여야 한다. 〈개정 2024. 2. 20.〉

제4조(하천관리의 원칙) ①하천 및 하천수는 공적 자원으로서 국가는 공공이익의 증진에 적합한 방향으로 적절히 관리하여야 한다.

②하천을 구성하는 토지와 그 밖의 하천시설에 대하여는 사권(私權)을 행사할 수 없다. 다만, 다음 각 호의 어느 하나에 해당하는 경우에는 그러하지 아니하다. 〈개정 2020. 6. 9.〉

1. 소유권을 이전하는 경우
2. 저당권을 설정하는 경우
3. 제33조에 따른 하천점용허가(소유권자 외의 자는 소유권자의 동의를 얻은 경우에 한정한다)를 받아 그 허가받은 목적대로 사용하는 경우

③ 하천 및 하천수는 기후변화에 대한 과학적 예측과 분석에 기반하여 관리하여야 한다. 〈신설 2023. 1. 3.〉

제5조(권리·의무의 승계 등) ①이 법에 따른 허가 또는 승인으로 발생한 권리·의무를 가진 자가 사망하거나 그 권리·의무를 양도한 때 또는 그 권리·의무를 가진 법인의 합병이 있는 때에는 그 상속인, 권리·의무를 양수한 자 또는 합병 후 존속하는 법인이나 합병에 의하여 설립되는 법인이 그 지위를 승계한다.

②제1항에 따라 권리·의무를 승계한 자는 환경부령으로 정하는 바에 따라 하천관리청에 신고하여야 한다. 〈개정 2009. 4. 1., 2013. 3. 23., 2018. 6. 8., 2020. 12. 31.〉

③ 하천관리청은 제2항에 따른 신고를 받은 날부터 7일 이내에 신고수리 여부를 신고인에게 통지하여야 한다. 〈신설 2020. 12. 22., 2020. 12. 31.〉

④ 하천관리청이 제3항에서 정한 기간 내에 신고수리 여부 또는 민

원 처리 관련 법령에 따른 처리기간의 연장을 신고인에게 통지하지 아니하면 그 기간(민원 처리 관련 법령에 따라 처리기간이 연장 또는 재연장된 경우에는 해당 처리기간을 말한다)이 끝난 날의 다음 날에 신고를 수리한 것으로 본다. 〈신설 2020. 12. 22., 2020. 12. 31.〉

제6조(다른 국가사업 등과의 관계) ①국가 또는 지방자치단체가 이 법에 따라 하천관리청의 허가를 받아야 할 사항에 관한 사업을 하려는 경우 그 사업을 시행하는 행정청은 대통령령으로 정하는 바에 따라 미리 하천관리청과 협의하거나 그 승인을 얻어야 한다. 〈개정 2018. 6. 8., 2020. 12. 31.〉

②행정기관의 장이 다른 법률에 따라 하천구역 안에서 권리를 설정하거나 그 밖의 처분을 하려는 때에는 미리 하천관리청과 협의하거나 그 승인을 얻어야 한다. 〈개정 2018. 6. 8., 2020. 12. 31.〉

제2장 하천의 지정 등

제7조(하천의 구분 및 지정) ①하천은 국가하천과 지방하천으로 구분한다.

②국가하천은 국토보전상 또는 국민경제상 중요한 하천으로서 다음 각 호의 어느 하나에 해당하여 환경부장관이 그 명칭과 구간을 지정하는 하천을 말한다. 〈개정 2009. 4. 1., 2013. 3. 23., 2018. 8. 14., 2020. 12. 31., 2023. 8. 8.〉

1. 유역면적 합계가 200제곱킬로미터 이상인 하천

2. 다목적댐의 하류 및 댐 저수지로 인한 배수영향이 미치는 상류의 하천

3. 유역면적 합계가 50제곱킬로미터 이상이면서 200제곱킬로미터 미만인 하천으로서 다음 각 목의 어느 하나에 해당하는 하천

가. 인구 20만명 이상의 도시를 관류(貫流)하거나 범람구역 안의 인구가 1만명 이상인 지역을 지나는 하천

나. 다목적댐, 하구둑 등 저수량 500만세제곱미터 이상의 저류지를 갖추고 국가적 물 이용이 이루어지는 하천

다. 상수원보호구역, 국립공원, 유네스코생물권보전지역, 문화유산보호구역 및 자연유산보호구역, 생태·습지보호지역을 관류하는 하천

라. 삭제 〈2018. 8. 14.〉

4. 범람으로 인한 피해, 하천시설 또는 하천공작물의 안전도 등을 고려하여 대통령령으로 정하는 하천

③지방하천은 지방의 공공이해와 밀접한 관계가 있는 하천으로서 시·도지사가 그 명칭과 구간을 지정하는 하천을 말한다.

④환경부장관은 제2항에 따라 국가하천을 지정하려는 경우에는 관계 중앙행정기관의 장과 협의한 후 「수자원의 조사·계획 및 관리에 관한 법률」 제29조에 따른 국가수자원관리위원회(이하 "국가수자원관리위원회"라 한다)의 심의를, 시·도지사가 제3항에 따라 지방하천을 지정하려는 경우에는 같은 법 제32조에 따른 지역수자원관리위원회(이하 "지역수자원관리위원회"라 한다)의 심의를 거쳐야 한다. 지정을 변경하거나 해제하는 경우에도 또한 같다. 〈개정 2009. 4. 1., 2013. 3. 23., 2017. 1. 17., 2020. 12. 31.〉

⑤환경부장관이 지방하천을 국가하천으로 지정한 때에는 지방하천의 지정은 그 효력을 잃는다. 〈개정 2009. 4. 1., 2013. 3. 23., 2020. 12. 31.〉

⑥환경부장관 또는 시·도지사가 제2항 또는 제3항에 따라 국가하천 또는 지방하천으로 지정하거나 지정을 변경 또는 해제하는 경우에는 환경부령으로 정하는 바에 따라 이를 고시하고, 관계 서류를 관계 시장·군수 또는 구청장(자치구의 구청장을 말한다. 이하 같다)에게 보내야 하며, 시장·군수 또는 구청장은 관계 서류를 일반인이 볼 수 있도록 하여야 한다. 〈개정 2009. 4. 1., 2013. 3. 23., 2020. 12. 31.〉

⑦둘 이상의 하천이 합류되거나 분기되는 지점에서의 하천 구간의 경계는 하천관리청이 정하되, 하천관리청이 서로 다른 경우에는 관계 하천관리청이 협의하여 정한다. 〈개정 2020. 6. 9.〉

⑧ 시 · 도지사는 지방하천이 제2항 각 호의 어느 하나에 해당한다고 판단하는 경우에는 지역수자원관리위원회의 심의를 거쳐 환경부장관에게 국가하천으로 지정하여 줄 것을 요청할 수 있다. 〈신설 2023. 1. 3.〉

第8조(하천관리청) ①국가하천은 환경부장관이 관리한다. 〈개정 2009. 4. 1., 2013. 3. 23., 2020. 12. 31.〉

②지방하천은 그 관할 구역의 시 · 도지사가 관리한다.

제9조(경계하천의 관리) ①지방하천으로서 특별시 · 광역시 · 특별자치시 · 도 · 특별자치도(이하 "시 · 도"라 한다)의 경계에 위치한 하천은 관계 시 · 도지사의 협의에 따라 그 하천의 관리청 및 관리방법을 따로 정하여야 한다. 〈개정 2012. 1. 17.〉

②제1항에 따른 협의가 성립되지 아니한 때에는 환경부장관은 관계 시 · 도지사의 의견을 들어 국가수자원관리위원회의 심의를 거쳐 관계 시 · 도지사에게 하천의 관리청 및 관리방법을 정하여 통보할 수 있다. 〈개정 2009. 4. 1., 2013. 3. 23., 2017. 1. 17., 2020. 12. 31.〉

③관계 시 · 도지사는 제1항에 따라 협의가 성립된 경우에는 협의내용을, 제2항에 따라 환경부장관으로부터 통보를 받은 경우에는 통보된 내용을 고시하여야 한다. 이를 변경한 때에도 또한 같다. 〈개정 2009. 4. 1., 2013. 3. 23., 2020. 12. 31.〉

④관계 시 · 도지사는 제3항에 따른 고시내용을 환경부장관에게 통지하여야 한다. 〈개정 2009. 4. 1., 2013. 3. 23., 2020. 12. 31.〉

제10조(하천구역의 결정 등) ①하천관리청은 제7조제6항에 따라 하천의 명칭 및 구간의 지정 또는 지정의 변경 · 해제의 고시가 있는 때에는 다음 각 호의 어느 하나에 해당하는 지역을 하천구역으로 결정 또는 변경하거나 하천구역을 폐지하여야 한다. 〈개정 2020. 6. 9.〉

1. 제25조에 따른 하천기본계획(이하 "하천기본계획"이라 한다)에 완성제방(하천시설의 설치계획을 수립할 때에 기준이 되는 홍수량만

큼의 물이 소통하는데 필요한 단면을 가지고 있어서 구조적 안정성이 이미 확보된 제방을 말한다)이 있는 곳은 그 완성제방의 부지 및 그 완성제방으로부터 하심측(河心側)의 토지

2. 하천기본계획에 계획제방(제방을 보강하거나 새로이 축조하도록 계획된 제방을 말한다)이 있는 곳은 그 계획제방의 부지 및 그 계획제방으로부터 하심측의 토지

3. 하천기본계획에 제방의 설치계획이 없는 구간에서는 계획하폭(하천시설의 설치계획을 수립할 때에 기준이 되는 홍수량만큼의 물이 소통하는데 필요한 양안 사이의 폭을 말한다)에 해당하는 토지

4. 댐 · 하구둑 · 홍수조절지 · 저류지의 계획홍수위(하천시설의 설치계획을 수립할 때에 기준이 되는 홍수량만큼의 물이 소통하는 경우 그 수위를 말한다. 이하 같다) 아래에 해당하는 토지

5. 철도 · 도로 등 선형 공작물이 제방의 역할을 하는 곳에서는 선형 공작물의 하천측 비탈머리를 제방의 비탈머리로 보아 그로부터 하심측에 해당하는 토지

6. 하천기본계획이 수립되지 아니한 하천에서는 하천에 물이 계속하여 흐르고 있는 토지 및 지형, 그 토지 주변에서 풀과 나무가 자라는 지형의 상황, 홍수흔적, 그 밖의 상황을 기초로 대통령령으로 정하는 방법에 따라 평균하여 매년 1회 이상 물이 흐를 것으로 판단되는 수면 아래에 있는 토지

②하천관리청이 제1항에 따라 하천구역을 결정하려는 때에는 국가수자원관리위원회 또는 지역수자원관리위원회(이하 “수자원관리위원회”라 한다)의 심의를 거쳐야 한다. 하천구역을 변경 또는 폐지하려는 때에도 또한 같다. 〈개정 2017. 1. 17.〉

③제7조제6항은 제1항에 따른 하천구역의 결정 · 변경 및 폐지에 관하여 준용한다. 이 경우 하천관리청은 하천구역의 결정 · 변경 또는 폐지의 사실 및 그 내용을 해당 지역을 주된 보급지역으로 하는 일간신문 및 해당 기관과 관계 시 · 군 · 구(자치구를 말한다. 이하 같다)의 인터넷 홈페이지에 공고하도록 하여야 한다. 〈개정 2023.

1. 3.>

④ 하천관리청은 제1항에 따라 하천구역을 결정·변경 또는 폐지하려는 경우 지역주민 등의 의견을 청취하여야 하며, 제3항에 따라 하천구역의 결정·변경 또는 폐지의 고시를 하는 때에는 환경부령으로 정하는 바에 따라 지형도면을 작성하여 함께 고시하여야 한다. <개정 2018. 2. 21., 2020. 12. 31.>

⑤하천구역의 결정·변경 또는 폐지는 제3항에 따른 고시가 있는 날부터 그 효력이 발생한다.

⑥국가 및 지방자치단체는 제1항에 따라 하천구역으로 된 때에는 국가하천인 경우 「국유재산법」에 따른 국유재산으로, 지방하천인 경우 「공유재산 및 물품 관리법」에 따른 공유재산으로 확보되도록 노력하여야 한다.

제11조 삭제 <2015. 8. 11.>

제12조(홍수관리구역) ①하천관리청은 하천을 보전하고 홍수로 인한 피해를 예방하기 위하여 필요하다고 인정되는 경우에는 다음 각 호의 어느 하나에 해당하는 지역을 홍수관리구역으로 지정할 수 있다. <개정 2020. 6. 9.>

1. 하천기본계획이 수립된 하천의 경우 계획홍수위 아래에 있는 토지로서 하천관리청이 하천구역으로 결정한 토지(제10조제1항제1호부터 제3호까지의 어느 하나에 해당하는 지역을 하천구역으로 결정한 토지를 말한다)를 제외한 지역

2. 하천기본계획이 수립되지 아니한 하천에서 홍수범람의 우려가 있는 지역 중 하천관리청이 제10조제1항제6호에 해당하는 지역을 하천구역으로 결정한 하천구역의 경계선부터 대통령령으로 정하는 일정한 범위 안의 지역

②하천관리청이 제1항에 따라 홍수관리구역을 지정하려는 때에는 수자원관리위원회의 심의를 거쳐야 한다. 이를 변경 또는 폐지하려는 때에도 또한 같다. <개정 2017. 1. 17.>

③제7조제6항, 제10조제3항 후단 및 제10조제4항은 홍수관리구

역의 지정·변경 또는 폐지에 관하여 준용한다. 〈개정 2023. 1. 3.〉

제13조(하천의 구조·시설 및 유지·보수 등의 기준) ①하천의 구조·시설과 하천의 유지·보수 및 안전점검은 환경부령으로 정하는 기준에 따른다. 〈개정 2009. 4. 1., 2013. 3. 23., 2020. 12. 31.〉

②환경부장관이 제1항에 따른 기준을 정하려는 때에는 하천공사로 생태계가 훼손되는 것을 최소화하고 하천의 구조·수위·유량·지형 및 지질, 그 밖의 하천상황과 자중(自重)·수압 외에 예상된 하중을 고려하여 안전을 확보할 수 있도록 하여야 한다. 〈개정 2009. 4. 1., 2013. 3. 23., 2020. 12. 31.〉

제14조(하천시설의 관리규정) ①하천시설 중 댐·보·수문 등 대통령령으로 정하는 하천시설을 설치한 자는 환경부령으로 정하는 바에 따라 하천시설의 관리규정을 정하여야 한다. 〈개정 2009. 4. 1., 2013. 3. 23., 2020. 12. 31.〉

②하천관리청이 아닌 자가 제1항에 따라 하천시설의 관리규정을 정하는 때에는 하천관리청의 승인을 얻어야 한다. 이를 변경하는 때에도 또한 같다.

③하천관리청이 제1항에 따라 관리규정을 정하거나 이를 변경하려는 경우 또는 제2항에 따른 승인 또는 변경승인을 하려는 경우에는 국가하천은 관계 시·도지사, 지방하천은 관계 시장·군수·구청장의 의견을 들어야 한다. 〈개정 2020. 6. 9.〉

④환경부장관은 홍수로 인한 재해의 방지와 수자원의 효율적인 운영을 위하여 필요한 경우에는 둘 이상의 하천시설 간의 유기적인 연계운영에 관한 관리규정을 정할 수 있다. 이 경우 환경부장관은 미리 관계 중앙행정기관의 장 및 관계 시·도지사의 의견을 들어야 한다. 〈개정 2009. 4. 1., 2013. 3. 23., 2018. 2. 21., 2018. 6. 8., 2020. 6. 9.〉

⑤환경부장관은 제4항에 따른 관리규정에 근거하여 홍수방지 등을 위하여 필요한 조치를 명할 수 있다. 이 경우 하천시설 관리자는 이

에 따라야 한다. 〈개정 2009. 4. 1., 2013. 3. 23., 2018. 6. 8.〉

제15조(하천시설에 대한 관리대장 등) ①하천관리청은 그가 관리하는 하천시설에 대한 관리대장을 작성하여 보관하여야 한다.

② 제1항에 따른 관리대장의 작성 및 보관 등에 필요한 사항은 환경부령으로 정한다. 〈개정 2017. 1. 17., 2020. 12. 31.〉

③ 삭제 〈2017. 1. 17.〉

제3장 정보화 및 계획 수립 〈개정 2017. 1. 17.〉

제16조 삭제 〈2017. 1. 17.〉

제17조 삭제 〈2017. 1. 17.〉

제18조 삭제 〈2017. 1. 17.〉

제19조 삭제 〈2017. 1. 17.〉

제20조 삭제 〈2017. 1. 17.〉

제21조 삭제 〈2017. 1. 17.〉

제21조의2(하상변동조사의 실시) ① 하천관리청은 하상(河床)의 세굴(洗掘) 및 퇴적 등이 하천의 소통능력, 하천시설의 안전이나 고유기능에 미치는 영향을 파악하기 위하여 하상변동조사를 정기적으로 실시하여야 한다.

② 다음 각 호의 어느 하나에 해당하는 사항은 대통령령으로 정한다.

1. 하상변동조사의 방법
2. 하상변동조사의 실시 시기 및 주기
3. 하상변동조사 자료의 처리 및 활용
4. 하상변동조사 실시를 위한 종사자에 대한 교육 및 훈련
5. 그 밖에 하상변동조사와 관련한 사항

[본조신설 2016. 1. 19.]

제22조(하천관리 자료의 정보화) ① 환경부장관은 하천관리에 필요한 자료의 효율적인 활용을 위하여 하천관리 정보체계를 구축·운영하여야 한다. 〈개정 2017. 1. 17., 2020. 12. 31.〉

② 환경부장관은 제1항에 따른 하천관리 정보체계를 구축할 경우 최신의 정보통신기술을 활용하도록 노력하여야 한다. 〈신설 2023. 1. 3.〉

③환경부장관은 제1항에 따른 하천관리 정보체계의 구축을 위하여 중앙행정기관·지방자치단체·정부투자기관 또는 정부출연기관 등 관계 기관의 장에게 필요한 자료의 제출을 요청할 수 있다. 이 경우 자료 제출의 요청을 받은 관계 기관의 장은 특별한 사유가 없으면 그 요청을 따라야 한다. 〈개정 2009. 4. 1., 2013. 3. 23., 2017. 1. 17., 2020. 6. 9., 2020. 12. 31., 2023. 1. 3.〉

④제1항에 따른 하천관리 정보체계의 구축범위 및 운영절차 그 밖에 필요한 사항은 대통령령으로 정한다. 〈개정 2017. 1. 17., 2023. 1. 3.〉

[제목개정 2017. 1. 17.]

제23조 삭제 〈2017. 1. 17.〉

제24조 삭제 〈2017. 1. 17.〉

제25조(하천기본계획) ①하천관리청은 그가 관리하는 하천에 대하여 하천의 치수·이수·수생태환경 및 지역적 특성을 종합적으로 고려하여 대통령령으로 정하는 바에 따라 하천의 이용, 주민친화적 활용, 자연친화적 관리·보전 및 기후변화에 따른 하천관리 취약성 대응에 필요한 기본적인 사항 등을 내용으로 하는 10년 단위의 하천기본계획을 수립하여야 한다. 이 경우 도시지역을 관통하여 흐르거나 인접하여 흐르는 하천에 대해서는 탄소흡수원 확충 방안을 하천기본계획에 포함하여야 한다. 〈개정 2018. 6. 12., 2021. 7. 27., 2023. 1. 3.〉

②제1항에도 불구하고 환경부장관은 「수자원의 조사·계획 및 관리에 관한 법률」 제18조에 따른 하천유역수자원관리계획 및 같은 법 제20조에 따른 특정하천유역치수계획 등과의 연계가 필요하다고 인정되는 경우에는 시·도지사가 하천관리청인 하천에 대하여 하천기본계획을 수립할 수 있다. 이 경우 미리 관계 하천관리청과 협의

하여야 한다. 〈개정 2009. 4. 1., 2013. 3. 23., 2017. 1. 17., 2020. 12. 31., 2023. 1. 3.〉

③하천관리청은 하천기본계획이 수립된 날부터 5년마다 그 타당성을 검토하여 필요한 경우에는 그 계획을 변경하여야 한다. 〈개정 2020. 6. 9.〉

④ 하천기본계획에는 다음 각 호의 사항을 포함하여야 한다. 〈개정 2024. 2. 20.〉

1. 하천기본계획의 목표
2. 하천의 개황(槪況)에 관한 사항
3. 홍수방어계획에 관한 사항
4. 하천공사의 시행에 관한 사항
5. 자연친화적 하천조성에 관한 사항
6. 이 법에 따른 불법행위의 감시를 위한 인력 확보에 관한 사항
7. 그 밖에 하천기본계획 수립을 위하여 대통령령으로 정하는 사항

⑤환경부장관 또는 하천관리청은 하천기본계획을 수립하거나 변경하려는 때에는 미리 관계 행정기관의 장과 협의한 후 수자원관리위원회의 심의를 거쳐야 한다. 다만, 대통령령으로 정하는 경미한 사항을 변경하려는 때에는 그러하지 아니하다. 〈개정 2009. 4. 1., 2013. 3. 23., 2017. 1. 17., 2020. 12. 31.〉

⑥제9조는 둘 이상의 시ㆍ도에 걸치는 지방하천에 대하여 시ㆍ도지사가 하천기본계획을 수립하는 경우에 준용한다. 〈개정 2020. 6. 9.〉

⑦제7조제6항은 하천기본계획의 수립 및 변경에 관하여 준용한다.

⑧ 하천기본계획의 수립 기준ㆍ절차ㆍ방법 등에 필요한 사항은 대통령령으로 정한다. 〈신설 2016. 1. 19.〉

제26조(하천시설의 비상대처계획) ①댐 등 대통령령으로 정하는 하천시설을 설치하는 자는 하천시설의 붕괴 등의 비상상황으로 발생할 수 있는 국민의 생명ㆍ재산상 피해를 예방하거나 줄이기 위한 비상대처계획을 수립하여야 한다. 다만, 다른 법률에 따라 비상대처계획을 수립하는 경우에는 그러하지 아니하다.

②제1항에 따라 비상대처계획을 수립하려는 때에는 미리 관계 행정기관의 장과 협의하여야 하며, 비상대처계획을 수립한 때에는 지체 없이 관계 행정기관의 장에게 수립된 비상대처계획을 통지하여야 한다. 이 경우 그 통지를 받은 관계 행정기관의 장은 비상대처계획에 따른 대처에 필요한 조치를 하여야 한다.

③제2항은 수립된 비상대처계획의 변경에 관하여 준용한다.

④비상대처계획에 포함되어야 하는 사항, 그 밖에 비상대처계획의 수립에 관한 세부적인 사항은 대통령령으로 정한다.

제4장 하천공사 등의 시행

제27조(하천관리청의 하천공사 및 유지ㆍ보수) ①하천관리청(제28조제1항에 따라 환경부장관이 하천공사를 대행하는 경우 환경부장관을 포함한다. 이하 이 조에서 같다)이 하천공사를 시행하려는 때에는 대통령령으로 정하는 바에 따라 하천공사의 시행에 관한 계획(이하 "하천공사시행계획"이라 한다)을 수립하여야 한다. 다만, 대통령령으로 정하는 경미한 하천공사를 시행하려는 때에는 그러하지 아니하다. 〈개정 2009. 4. 1., 2013. 3. 23., 2020. 12. 31.〉

②하천공사시행계획은 하천기본계획의 범위 안에서 수립되어야 한다.

③하천관리청은 하천공사시행계획을 수립하거나 변경한 때에는 대통령령으로 정하는 바에 따라 이를 고시하여야 한다.

④ 국가하천을 관리하는 하천관리청은 침수피해를 방지하기 위하여 필요한 경우에 한정하여 국가하천 배수영향구간(국가하천의 수위상승으로 배수영향을 받는 지방하천 내 구간으로서 환경부장관이 고시하는 구간을 말한다. 이하 같다)에 대한 하천공사를 시행할 수 있다. 이 경우 국가하천 배수영향구간에 대한 하천공사는 제30조에도 불구하고 하천관리청이 아닌 자의 하천공사로 보지 아니한다. 〈개정 2023. 8. 16.〉

⑤ 환경부장관은 국가하천 배수영향구간을 고시하려는 경우에는 관계 중앙행정기관의 장과 미리 협의하여야 한다. 〈신설 2023. 8. 16.〉

⑥하천공사와 하천의 유지·보수는 이 법에 특별한 규정이 있는 경우를 제외하고는 하천관리청이 시행한다. 다만, 국가하천의 유지·보수는 홍수로 인한 재해의 방지와 수자원의 효율적인 운영을 위하여 다음 각 호의 어느 하나에 해당하는 경우로서 환경부장관이 고시하는 국가하천의 시설 및 구간을 제외하고 시·도지사가 시행한다. 〈개정 2012. 1. 17., 2013. 3. 23., 2020. 12. 31., 2023. 8. 16.〉

1. 제방(호안 및 배수시설을 포함한다)

2. 저수로

3. 보

4. 그 밖에 제1호부터 제3호까지의 시설과 연계하여 관리할 필요가 있는 시설로서 대통령령으로 정하는 시설

⑦하천관리청은 다음 각 호의 어느 하나에 해당하는 경우에는 대통령령으로 정하는 바에 따라 하천공사나 하천의 유지·보수를 할 수 있다. 〈개정 2023. 8. 16.〉

1. 하천시설의 효용을 겸하는 다른 공작물의 공사 및 유지·보수

2. 하천공사로 필요하게 된 다른 공사 또는 하천공사를 시행하기 위하여 필요하게 된 다른 공사를 하천공사와 함께 시행하는 경우

⑧하천관리청은 제6항 및 제7항에 따른 공사를 준공한 때에는 대통령령으로 정하는 바에 따라 그 내용을 고시하여야 한다. 〈개정 2023. 8. 16.〉

⑨제8항에 따라 하천공사를 준공고시한 하천시설에 대하여는 고시한 다음날부터 제6항에 따라 이를 유지·보수하여야 한다. 〈개정 2023. 8. 16.〉

⑩제9조는 제6항 단서의 경우에 준용한다. 〈개정 2023. 8. 16.〉

⑪ 환경부장관은 제6항에 따라 국가하천의 유지·보수를 시행하고자 하는 때에는 미리 해당 시·도지사의 의견을 들어야 한다. 〈신설 2012. 1. 17., 2013. 3. 23., 2020. 12. 31., 2023. 8. 16.〉

제28조(하천공사의 대행) ①환경부장관은 필요하다고 인정하는 때에는 시·도지사가 시행할 하천공사를 대행할 수 있다. 〈개정 2009.

4. 1., 2013. 3. 23., 2020. 12. 31.〉

②환경부장관은 필요하다고 인정하는 때에는 시·도지사 또는 대통령령으로 정하는 정부투자기관으로 하여금 환경부장관이 시행할 하천공사를 대행하게 할 수 있다. 이 경우 제1항에 따라 대행하는 하천공사를 대통령령으로 정하는 정부투자기관으로 하여금 대행하게 하는 때에는 미리 해당 시·도지사와 협의하여야 한다. 〈개정 2009. 4. 1., 2013. 3. 23., 2020. 12. 31.〉

③제1항 및 제2항에 따른 공사대행의 범위 등에 필요한 사항은 대통령령으로 정한다.

④제1항부터 제3항까지에 따른 공사를 준공한 자는 대통령령으로 정하는 바에 따라 그 내용을 고시하여야 한다.

⑤제4항에 따라 하천공사를 준공고시한 하천시설에 대하여는 고시한 다음날부터 제27조제6항에 따라 이를 유지·보수하여야 한다. 〈개정 2023. 8. 16.〉

제29조(공사원인자의 공사 시행) ①하천관리청은 다음 각 호의 어느 하나에 해당하는 공사 또는 행위로 필요하게 된 하천공사 또는 하천의 유지·보수(이하 이 조에서 "하천공사등"이라 한다)를 하천공사 외의 공사의 시행자 또는 하천을 훼손하거나 하천의 현상을 변경시키는 행위를 한 자에게 그의 비용부담으로 하천공사등을 시행하게 할 수 있다.

1. 하천공사 외의 공사
2. 하천을 훼손하거나 하천의 현상을 변경시키는 행위

②하천관리청은 제1항에도 불구하고 하천공사등의 원인행위를 제공한 자가 따로 있는 경우에는 그에게 하천공사등의 비용의 전부 또는 일부를 부담하게 할 수 있다.

제30조(하천관리청이 아닌 자의 하천공사) ①하천관리청이 아닌 자는 제6조·제9조 및 제28조에 따른 경우를 제외하고는 대통령령으로 정하는 바에 따라 하천관리청의 허가를 받아 하천공사나 하천의 유지·보수를 할 수 있다. 다만, 대통령령으로 정하는 경미한 사항

에 대하여는 그러하지 아니하다. 〈개정 2020. 6. 9.〉

②하천관리청은 제1항에 따른 허가를 하려는 때에는 그 허가사항이 하천기본계획에 적합한지 여부를 검토하여야 한다. 이 경우 하천관리청은 미리 관계 행정기관의 장과 협의하여야 한다.

③환경부장관은 제1항에 따른 허가를 한 때에는 지체 없이 그 지역을 관할하는 시·도지사에게 통지하여야 한다. 〈개정 2009. 4. 1., 2013. 3. 23., 2020. 12. 31.〉

④하천관리청은 제1항에 따른 허가를 함에 있어서 특히 필요하다고 인정되는 때에는 대통령령으로 정하는 바에 따라 필요한 공사비의 전부 또는 일부를 예치하게 할 수 있다.

⑤제1항에 따라 허가를 받은 자는 대통령령으로 정하는 바에 따라 하천공사실시계획을 작성하여 하천관리청의 인가를 받아야 한다. 인가받은 내용 중 대통령령으로 정하는 사항을 변경하는 때에도 또한 같다.

⑥ 하천관리청은 제5항에 따른 인가 또는 변경인가 신청을 받은 날부터 20일 이내에 인가 또는 변경인가 여부를 신청인에게 통지하여야 한다. 〈신설 2020. 12. 22.〉

⑦하천관리청은 제5항에 따른 인가를 한 때에는 환경부령으로 정하는 바에 따라 그 내용을 고시하여야 한다. 〈개정 2009. 4. 1., 2013. 3. 23., 2020. 12. 22., 2020. 12. 31.〉

⑧하천관리청이 아닌 자는 하천에 관한 공사를 완료한 때에는 지체 없이 하천관리청에 공사준공보고서를 제출하고 준공인가를 받아야 한다. 이 경우 준공인가 신청을 받은 하천관리청은 관계 중앙행정기관, 지방자치단체 또는 대통령령으로 정하는 정부투자기관의 장에게 준공인가에 필요한 검사를 의뢰할 수 있다. 〈개정 2020. 12. 22.〉

⑨하천관리청은 제8항에 따른 준공인가의 신청을 받은 경우 그 공사가 제5항에 따라 인가받은 하천공사실시계획의 내용대로 시행되었다고 인정되는 때에는 준공인가를 하여야 한다. 〈개정 2020.

12. 22.〉

⑩제9항에 따라 준공인가된 하천시설에 대하여는 준공인가 다음 날부터 제27조제6항에 따라 이를 유지·보수하여야 한다. 〈개정 2020. 12. 22., 2023. 8. 16.〉

⑪제1항에 따른 허가사항이 제33조제1항 또는 제50조제1항에 따른 허가사항과 둘 이상 서로 중복되거나 관련되는 경우에는 허가권자와 그 밖의 허가절차 등에 필요한 사항은 대통령령으로 정한다. 〈개정 2020. 6. 9., 2020. 12. 22.〉

제31조 삭제 〈2017. 1. 17.〉

제32조(다른 법률에 따른 인·허가등의 의제) ①하천관리청이 제27조에 따라 하천공사시행계획을 수립·고시한 경우 또는 하천관리청이 아닌 자가 제30조제5항에 따라 하천공사실시계획의 인가를 받은 경우에 다음 각 호의 허가·인가·면허·승인·결정·해제·심의·신고·협의 또는 처분 등(이하 이 조에서 "인·허가등"이라 한다)에 관하여 제3항에 따라 환경부장관 또는 하천관리청이 관계 행정기관의 장과 협의한 사항에 대해서는 그 인·허가등을 받은 것으로 보며, 하천공사시행계획의 고시 또는 하천관리청이 아닌 자의 하천공사실시계획 인가의 고시를 한 때에는 다음 각 호의 관계 법률에 따른 인·허가등의 고시 또는 공고를 한 것으로 본다. 〈개정 2007. 12. 21., 2007. 12. 27., 2008. 3. 21., 2008. 12. 31., 2009. 4. 1., 2009. 6. 9., 2010. 4. 15., 2010. 5. 31., 2011. 4. 14., 2013. 3. 23., 2014. 1. 14., 2017. 1. 17., 2018. 12. 24., 2020. 6. 9., 2020. 12. 31., 2022. 12. 27., 2023. 8. 8., 2023. 9. 14.〉

1. 「건축법」 제4조에 따른 건축위원회의 심의, 같은 법 제11조에 따른 건축허가, 같은 법 제14조에 따른 건축신고, 같은 법 제20조제1항에 따른 가설건축물의 건축허가 및 같은 법 제29조에 따른 건축협의

2. 「골재채취법」 제22조에 따른 골재채취허가

3. 「공유수면 관리 및 매립에 관한 법률」 제8조에 따른 공유수면의 점용·사용허가, 같은 법 제10조에 따른 협의 또는 승인, 같은 법 제17조에 따른 점용·사용 실시계획의 승인, 같은 법 제28조에 따른 공유수면의 매립면허, 같은 법 제35조에 따른 국가 등이 시행하는 매립의 협의 또는 승인 및 같은 법 제38조에 따른 공유수면매립실시계획의 승인

4. 삭제 〈2010. 4. 15.〉

5. 「국토의 계획 및 이용에 관한 법률」 제30조에 따른 도시·군관리계획의 결정(같은 법 제2조제6호의 기반시설에 한정한다), 같은 법 제56조에 따른 개발행위의 허가, 같은 법 제86조에 따른 도시·군계획시설사업의 시행자의 지정 및 같은 법 제88조에 따른 실시계획의 인가

6. 「군사기지 및 군사시설 보호법」 제9조제1항제1호에 따른 통제보호구역 등에의 출입허가 및 같은 법 제13조에 따른 행정기관의 허가등에 관한 협의

7. 「농어촌정비법」 제111조에 따른 토지의 형질변경 등의 허가

8. 「농지법」 제34조에 따른 농지전용의 허가 또는 협의 및 같은 법 제36조에 따른 농지의 일시사용허가

9. 「도로법」 제25조에 따른 도로구역의 결정, 같은 법 제36조에 따른 도로관리청이 아닌 자에 대한 도로공사 시행의 허가, 같은 법 제61조에 따른 도로의 점용 허가 및 같은 법 제107조에 따른 도로관리청과의 협의 또는 승인

10. 「도시공원 및 녹지 등에 관한 법률」 제24조에 따른 도시공원의 점용허가, 같은 법 제27조에 따른 도시자연공원구역에서의 행위허가 및 같은 법 제38조에 따른 녹지의 점용허가

11. 「근현대문화유산의 보존 및 활용에 관한 법률」 제17조에 따른 국가등록문화유산의 현상변경 신고

12. 「사도법」 제4조에 따른 사도개설허가

13. 「사방사업법」 제14조에 따른 벌채 등의 허가 및 같은 법 제

20조에 따른 사방지 지정의 해제

14. 「산림자원의 조성 및 관리에 관한 법률」 제36조제1항·제5항에 따른 입목벌채등의 허가·신고 및 「산림보호법」 제9조제1항 및 제2항제1호·제2호에 따른 산림보호구역(산림유전자원보호구역은 제외한다)에서의 행위의 허가·신고와 같은 법 제11조제1항제1호에 따른 산림보호구역의 지정해제

15. 「산지관리법」 제14조·제15조에 따른 산지전용허가·산지전용신고, 같은 법 제15조의2에 따른 산지일시사용허가·신고 및 같은 법 제25조에 따른 토석채취허가(석재에 한정한다)

16. 「수도법」 제52조에 따른 전용상수도인가 및 같은 법 제54조에 따른 전용공업용수도의 인가

17. 「자연공원법」 제23조제1항에 따른 공원구역에서의 행위허가

18. 「장사 등에 관한 법률」 제23조제1항에 따른 분묘의 개장허가

19. 「지하수법」 제7조에 따른 개발·이용의 허가

20. 「초지법」 제23조에 따른 초지의 전용허가·신고 또는 협의

21. 「하수도법」 제16조에 따른 공공하수도공사시행의 허가 및 같은 법 제24조에 따른 공공하수도의 점용허가

② 삭제 〈2024. 1. 30.〉

③ 환경부장관 또는 하천관리청은 제27조제1항에 따라 하천공사시행계획을 수립하려는 경우 또는 제30조제5항에 따라 하천관리청이 아닌 자의 하천공사실시계획을 인가하려는 경우에 제1항 각 호의 사항이 포함되어 있을 때에는 미리 관계 행정기관의 장과 협의하여야 한다. 〈개정 2017. 1. 17., 2020. 12. 31.〉

④다음 각 호의 어느 하나에 해당하는 때에는 환경부장관 또는 하천관리청이 제1항에 따라 의제되는 인·허가등에 따른 준공검사·준공인가 등에 관하여 제6항에 따라 관계 행정기관의 장과 협의한 사항에 대하여는 그 준공검사·준공인가와 그에 따른 고시가 있은 것으로 본다. 〈개정 2009. 4. 1., 2013. 3. 23., 2020. 12. 22., 2020. 12. 31., 2023. 8. 16.〉

1. 제27조제8항 및 제28조제4항에 따라 하천공사의 준공을 고시한 때

2. 제30조제9항에 따라 하천공사의 준공을 인가한 때

3. 삭제 〈2017. 1. 17.〉

⑤하천관리청이 아닌 자는 제4항에 따른 준공검사·준공인가 등의 의제를 받고자 하는 경우에는 제30조제8항에 따라 준공인가를 신청하는 때에 그 법률에서 정하는 관련 서류를 함께 제출하여야 한다. 〈개정 2020. 6. 9., 2020. 12. 22.〉

⑥환경부장관 또는 하천관리청은 제27조제8항·제28조제4항·제30조제9항에 따른 준공 또는 준공인가를 하는 경우 그 내용에 제1항에 따라 의제되는 인·허가등에 따른 준공검사·준공인가 등에 해당하는 사항이 있는 때에는 미리 관계 행정기관의 장과 협의하여야 한다. 〈개정 2009. 4. 1., 2013. 3. 23., 2017. 1. 17., 2020. 6. 9., 2020. 12. 22., 2020. 12. 31., 2023. 8. 16.〉

⑦ 제1항·제3항·제4항·제6항에서 규정한 사항 외에 인·허가등 의제의 기준 및 효과 등에 관하여는 「행정기본법」 제24조부터 제26조까지를 준용한다. 이 경우 같은 법 제24조제4항 전단 중 "20일"은 "15일"로 본다. 〈신설 2024. 1. 30.〉

제5장 하천의 점용 등

제33조(하천의 점용허가 등) ①하천구역 안에서 다음 각 호의 어느 하나에 해당하는 행위를 하려는 자는 대통령령으로 정하는 바에 따라 하천관리청의 허가를 받아야 한다. 허가받은 사항 중 대통령령으로 정하는 중요한 사항을 변경하려는 경우에도 또한 같다.

1. 토지의 점용
2. 하천시설의 점용
3. 공작물의 신축·개축·변경
4. 토지의 굴착·성토·절토, 그 밖의 토지의 형질변경
5. 토석·모래·자갈의 채취

6. 그 밖에 하천의 보전·관리에 장애가 될 수 있는 행위로서 대통령령으로 정하는 행위

②제1항에 따른 허가(이하 "하천점용허가"라 한다)에는 하천의 오염으로 인한 공해, 그 밖의 보건위생상 위해를 방지함에 필요한 부관을 붙일 수 있다.

③하천관리청이 하천점용허가를 하고자 할 경우에는 다음 각 호의 사항을 고려하여야 한다. 〈개정 2017. 1. 17.〉

1. 제13조에 따른 하천의 구조·시설 기준에의 적합 여부
2. 하천기본계획에의 적합 여부
3. 공작물의 설치로 인근 지대에 침수가 발생하지 아니하도록 하는 배수시설의 설치 여부
4. 하천수 사용 및 공작물 설치 등으로 하천시설에 미치는 영향

④하천관리청은 하천점용허가를 할 때 다음 각 호의 어느 하나에 해당하는 행위를 하기 위한 경우에는 이를 허가하여서는 아니 된다. 〈개정 2020. 6. 9., 2023. 1. 3.〉

1. 대통령령으로 정하는 농약 또는 비료를 사용하여 농작물을 경작하는 행위
2. 대통령령으로 정하는 골재채취 등 하천 및 하천시설을 훼손하거나 훼손할 우려가 있는 행위
3. 가축을 방목하거나 사육하는 행위(「동물보호법」 제2조제8호에 따른 등록대상동물을 위한 운동·휴식 시설을 설치하는 경우는 제외한다)
4. 콘크리트 등의 재료를 사용하여 고정구조물을 설치하는 행위. 다만, 하천의 관리에 지장을 주지 아니하는 경우로서 대통령령으로 정하는 행위는 그러하지 아니하다.
5. 그 밖에 하천의 보전 및 관리에 지장을 주는 행위로서 대통령령으로 정하는 행위

⑤ 하천점용허가를 받은 자는 해당 허가를 받아 점용하고 있는 토지 또는 시설을 다른 사람에게 임대하거나 전대(轉貸)해서는 아니

된다. 다만, 환경부령으로 정하는 사유에 해당하는 경우에는 하천관리청의 승인을 받아 임대하거나 전대할 수 있다. 〈신설 2018. 2. 21., 2020. 12. 31.〉

⑥제30조제10항은 제1항에 따른 허가사항이 제30조제1항 또는 제50조제1항에 따른 허가사항과 중복되거나 관련되는 경우에 준용한다. 〈개정 2018. 2. 21., 2020. 12. 22.〉

⑦하천관리청은 하천점용허가를 한 때에는 대통령령으로 정하는 바에 따라 이를 고시하여야 한다. 〈개정 2018. 2. 21.〉

⑧하천점용허가의 유효기간 및 세부적인 기준 등에 필요한 사항은 환경부령으로 정한다. 〈개정 2009. 4. 1., 2013. 3. 23., 2018. 2. 21., 2020. 12. 31.〉

⑨제30조제3항은 하천점용허가에 관하여 준용하고, 제30조제5항부터 제9항까지의 규정은 제1항제3호(하천관리에 영향을 미치지 아니하는 경우로서 환경부령으로 정하는 경우는 제외한다) 또는 제4호에 따른 점용허가에 관하여 준용한다. 〈개정 2016. 1. 19., 2017. 3. 21., 2018. 2. 21., 2020. 12. 22., 2020. 12. 31.〉

제34조(기득하천사용자의 보호) ① 하천관리청은 하천점용허가를 할 때 이미 하천점용허가를 받은 자 등 대통령령으로 정하는 하천에 관한 권리를 가진 자[이하 "기득하천사용자(旣得河川使用者)"라 한다]가 그 허가로 인하여 진출입 제한, 환경 피해 등이 생겨 기존의 하천에 관한 권리행사가 현저히 곤란해지는 등 손실을 받게 됨이 명백한 경우에는 해당 신청인으로 하여금 기득하천사용자의 동의를 얻도록 하여야 한다. 다만, 다음 각 호의 어느 하나에 해당하는 경우에는 그러하지 아니하다. 〈개정 2017. 3. 21., 2020. 6. 9.〉

1. 그 하천점용에 관한 사업이 기득하천사용자의 하천사용에 관한 사업에 비하여 공익성이 뚜렷하게 큰 경우

2. 손실을 방지하기 위한 시설을 설치하여 기득하천사용자의 하천사용에 관한 사업의 시행에 지장이 없다고 인정되는 경우

② 제1항에 따른 기득하천사용자의 동의를 받아야 하는 경우와

동의 방법 및 절차 등에 대하여는 대통령령으로 정한다. 〈신설 2017. 3. 21.〉

제35조(하천점용에 대한 손실보상의 협의 등) ①하천점용허가로 손실을 받은 기득하천사용자가 있는 때에는 그 하천점용허가를 받은 자가 그 손실을 보상하여야 한다.

②제1항에 따른 손실의 보상에 관하여는 하천점용허가를 받은 자와 기득하천사용자가 협의하여야 한다.

③제2항에 따른 협의가 성립되지 아니하거나 협의를 할 수 없는 때에는 당사자는 대통령령으로 정하는 바에 따라 관할 토지수용위원회에 재결을 신청할 수 있다.

④제1항부터 제3항까지에 따라 손실보상을 하는 경우 이 법에서 규정한 것을 제외하고는 「공익사업을 위한 토지 등의 취득 및 보상에 관한 법률」을 준용한다. 〈개정 2020. 6. 9.〉

제36조(하천점용공사의 대행) ①하천관리청은 하천의 보전을 위하여 특히 필요하다고 인정되는 경우에는 제30조 또는 제33조에 따른 허가를 받은 자의 신청에 따라 하천점용에 관한 공사를 대행할 수 있다.

②하천관리청이 제1항에 따라 공사를 시행하려는 때에는 하천의 점용자에게 미리 공사시행의 기간을 통지하여야 한다.

③제1항 및 제2항에 따라 하천관리청이 시행하는 하천점용에 관한 공사는 하천공사로 본다.

제37조(점용료등의 징수 및 감면) ①하천관리청은 하천점용허가를 받은 자로부터 토지의 점용료, 그 밖의 하천사용료(이하 "점용료등"이라 한다)를 징수할 수 있다. 다만, 사유(私有)로 되어 있는 하천구역 안에서 제33조제1항제1호 · 제3호부터 제6호까지의 하천점용행위를 하는 경우에는 그러하지 아니하다.

②제1항에 따른 점용료등의 징수에 관하여 국가하천의 경우 제27조제6항 단서에 따라 시 · 도지사가 그 하천을 유지 · 보수하는 때에는 해당 시 · 도지사를 그 국가하천의 하천관리청으로 본다. 〈개정 2020. 6. 9., 2023. 8. 16.〉

③하천관리청은 하천점용허가를 받지 아니하고 하천을 점용 또는 사용한 자에 대하여는 그 점용료등의 100분의 120에 상당하는 금액을 변상금으로 징수할 수 있다.

④제1항부터 제3항까지에 따른 점용료등과 변상금의 금액 및 징수방법 등은 대통령령으로 정하는 범위 안에서 그 하천관리청이 속하는 시·도의 조례로 정한다.

⑤하천관리청은 하천점용허가를 하는 때에 제33조제1항 각 호에 따른 점용 또는 사용이 다음 각 호의 어느 하나에 해당하는 경우에는 대통령령으로 정하는 바에 따라 점용료등을 감면할 수 있다.

1. 공용·공공용 그 밖의 공익을 목적으로 하는 비영리사업인 경우

2. 국민경제에 중대한 영향을 미치는 공익사업으로서 대통령령으로 정하는 사업인 경우

3. 재해나 그 밖의 특별한 사정으로 본래의 하천점용 목적을 달성할 수 없는 경우

제38조(홍수관리구역 안에서의 행위제한) ①제12조제3항에 따라 고시된 홍수관리구역 안에서 다음 각 호의 행위를 하려는 자는 대통령령으로 정하는 바에 따라 하천관리청의 허가를 받아야 한다. 다만, 대통령령으로 정하는 경미한 행위에 대하여는 그러하지 아니하다. 〈개정 2015. 8. 11.〉

1. 공작물의 신축 또는 개축

2. 토지의 굴착·성토·절토, 그 밖에 토지의 형질변경

3. 삭제 〈2018. 8. 14.〉

②제12조제3항에 따라 고시된 홍수관리구역 안(제12조제1항제1호에 해당하는 구역에 한정한다)에서는 제1항 각 호의 어느 하나에 해당하는 행위를 하려는 경우에는 하천기본계획상 계획홍수위보다 높게 하여 이를 행할 수 있다. 〈개정 2013. 7. 16., 2020. 6. 9.〉

③제1항에 따른 허가의 부관·제한 및 세부적인 기준 등에 관하여는 제33조제2항부터 제4항까지, 제6항부터 제8항까지의 규정을 준용한다. 〈개정 2018. 2. 21.〉

④제30조제5항부터 제9항까지의 규정은 제1항제1호의 경우에 준용한다. 〈개정 2020. 12. 22.〉

[제목개정 2015. 8. 11.]

제39조(댐등 설치자 또는 관리자의 재해방지시설의 설치 등) ①다음 각 호의 어느 하나에 해당하는 댐 또는 하구둑 등(이하 "댐등"이라 한다)의 설치자 또는 관리자는 대통령령으로 정하는 바에 따라 그 댐등으로 인한 재해발생을 방지하거나 줄이는 데 필요한 시설을 설치하고 그 밖에 필요한 조치를 하여야 한다. 〈개정 2018. 8. 14., 2020. 6. 9.〉

1. 하천의 유수를 저류(貯溜)하거나 취수(取水)하기 위하여 설치한 댐으로서 기초지반부터 댐마루까지의 높이가 15미터 이상이거나 총 저수용량이 2천만세제곱미터 이상인 댐. 다만, 높이가 15미터 이상인 농업용 댐 중 유역면적이 25제곱킬로미터 미만이거나 총 저수용량이 5백만세제곱미터 미만인 댐은 제외한다.

2. 하구둑

3. 하구 부근의 해수면에서 하천의 유수를 저류하는 공작물

4. 운하

②댐등의 설치자 또는 관리자는 그 댐등의 적정한 관리를 위하여 환경부령으로 정하는 자격을 가진 관리기술자를 두어야 한다. 〈개정 2009. 4. 1., 2013. 3. 23., 2018. 8. 14., 2020. 12. 31.〉

③댐등의 설치자 또는 관리자는 환경부령으로 정하는 바에 따라 댐등의 관리 및 수문에 관한 기록을 작성하여 비치하고, 하천관리청의 요구가 있는 때에는 지체 없이 이를 제출하여야 한다. 〈개정 2009. 4. 1., 2013. 3. 23., 2018. 6. 8., 2018. 8. 14., 2020. 12. 31.〉

[제목개정 2018. 8. 14.]

제40조 삭제 〈2017. 1. 17.〉

제41조(홍수조절을 위한 조치) ①댐등의 설치자 또는 관리자는 홍수에 대비하여 댐의 저수를 방류하려는 때에는 대통령령으로 정하는

바에 따라 환경부장관의 승인을 얻어야 한다. 〈개정 2009. 4. 1., 2013. 3. 23., 2018. 6. 8., 2018. 8. 14.〉

②하천관리청은 홍수로 인한 재해의 발생을 방지하거나 줄이기 위하여 긴급한 조치가 필요한 때에는 그 수계에 관한 하천의 상황을 종합적으로 고려하여 댐등의 설치자 또는 관리자에 대하여 필요한 조치를 명할 수 있다. 다만, 환경부장관은 미리 하천관리청인 시·도지사와 협의한 경우에는 시·도지사가 할 조치명령을 직접 할 수 있다. 〈개정 2009. 4. 1., 2013. 3. 23., 2018. 6. 8., 2018. 8. 14., 2020. 12. 31.〉

③환경부장관 또는 하천관리청은 제2항에 따른 조치명령을 한 때에는 그 내용을 「재난 및 안전 관리기본법」에 따른 중앙재난안전대책본부장에게 통지하여야 한다. 〈개정 2009. 4. 1., 2013. 3. 23., 2018. 6. 8.〉

제42조 삭제 〈2017. 1. 17.〉

제6장 하천환경의 보전·관리

제43조(자연친화적인 공법의 사용 등) ①하천관리청 또는 하천관리청이 아닌 자는 제27조부터 제30조까지에 따른 하천공사 등을 시행하는 경우에는 자연친화적인 공법을 사용하여야 한다.

②환경부장관은 제1항에 따른 자연친화적인 공법에 관하여 필요한 기법을 관계 중앙행정기관의 장과 협의하여 개발·보급하여야 한다. 〈개정 2009. 4. 1., 2013. 3. 23., 2020. 12. 31.〉

제44조(자연친화적 하천조성을 위한 보전지구 등의 지정) ①하천관리청은 하천기본계획을 수립하는 경우에 하천구역 안에서 하천환경 등의 보전 또는 복원이나 하천공간의 활용 등을 위하여 필요한 경우에는 보전지구·복원지구 및 친수지구를 지정할 수 있다.

②제1항에 따른 보전지구·복원지구 및 친수지구의 지정기준 및 절차 등에 필요한 사항은 대통령령으로 정한다.

제45조(보전지구 등의 관리) 하천관리청은 제44조제1항에 따라 지

정된 보전지구와 복원지구 안에서는 환경부령으로 정하는 바에 따라 하천환경 등을 보전하거나 복원하는 사업을 시행할 수 있다. 〈개정 2009. 4. 1., 2013. 3. 23., 2020. 12. 31.〉

제46조(하천 안에서의 금지행위) 누구든지 정당한 사유 없이 하천에서 다음 각 호의 어느 하나에 해당하는 행위를 하여서는 아니 된다. 〈개정 2020. 6. 9., 2021. 7. 27.〉

1. 하천의 유수를 가두어 두거나 그 방향을 변경하는 행위
2. 하천시설을 망가뜨리거나 망가뜨릴 우려가 있는 행위
3. 토석 또는 벌목된 나무토막 등을 버리는 행위
4. 하천의 흐름에 영향을 미치는 부유물이나 장애물을 버리는 행위
5. 하천을 복개하는 행위. 다만, 하천기본계획에서 정하는 경우로서 도로의 교량을 설치하는 경우는 제외한다.
6. 하천의 이용목적 및 수질상황 등을 고려하여 대통령령으로 정하는 바에 따라 시·도지사가 지정·고시하는 지역에서 행하는 다음 각 목의 어느 하나에 해당하는 행위
   가. 야영행위 또는 취사행위
   나. 떡밥·생선가루 등 미끼를 사용하여 하천을 오염시키는 낚시행위
7. 그 밖에 하천의 흐름에 지장을 주거나 하천을 오염시키는 행위로서 대통령령으로 정하는 행위

제47조(하천의 사용금지 등) ①하천관리청은 하천공사, 하천의 보전 및 하천환경 등을 고려하여 필요하다고 인정되는 때에는 대통령령으로 정하는 바에 따라 구간을 정하여 하천의 사용을 금지하거나 제한할 수 있다.

②하천관리청이 제1항에 따라 하천의 사용을 금지하거나 제한하려는 때에는 그 대상·구간·기간 및 이유를 명시한 표지를 설치하고 이를 공고하여야 한다. 이를 변경 또는 취소하려는 때에도 또한 같다.

제48조(원상회복의무) ①제30조 또는 제33조에 따라 하천을 점용

또는 사용하는 자 및 제50조에 따라 하천수를 사용하는 자는 그 허가가 실효되거나 점용 또는 사용을 폐지한 때에는 하천을 원상으로 회복시켜야 한다. 다만, 하천관리청은 원상회복을 할 수 없거나 원상회복의 필요가 없다고 인정되는 때에는 허가를 받은 자의 신청에 따라 또는 직권으로 원상회복의무를 면제할 수 있다.

②하천관리청은 제1항 단서에 따라 허가를 받은 자의 신청이 있는 경우 신청을 받은 날부터 15일 이내에 면제 여부를 통지하여야 한다.

③하천관리청은 제1항 단서에 따라 원상회복의무를 면제한 때에는 그 공작물 또는 그 밖의 물건을 무상으로 국유화 또는 공유화할 수 있다.

④하천관리청은 제1항에 따른 원상회복의 의무이행을 보증하기 위하여 필요하다고 인정되는 때에는 대통령령으로 정하는 바에 따라 원상회복에 드는 비용에 상당하는 금액을 하천관리청에 예치하게 할 수 있다.

제7장 하천수의 사용 및 분쟁조정

제49조(하천수 사용 및 배분의 원칙) ①하천수는 타인의 권리와 공공의 이익을 침해하지 아니하고 물 관리에 지장이 없는 범위 안에서 사용되어야 하며, 모든 국민이 그 혜택을 고루 향유할 수 있도록 배분되어야 한다.

②제53조제1항제2호에 해당하는 때의 용수배분의 우선순위는 대통령령으로 정한다.

제50조(하천수의 사용허가 등) ①생활·공업·농업·환경개선·발전·주운(舟運) 등의 용도로 하천수를 사용하려는 자는 대통령령으로 정하는 바에 따라 환경부장관의 허가를 받아야 한다. 허가받은 사항 중 대통령령으로 정하는 중요한 사항을 변경하려는 경우에도 또한 같다. 〈개정 2009. 4. 1., 2013. 3. 23., 2018. 6. 8.〉

②환경부장관은 제1항에 따라 허가를 한 때에는 그 내용을 관할

시·도지사에게 통보하여야 한다. 〈개정 2009. 4. 1., 2013. 3. 23., 2018. 6. 8.〉

③환경부장관은 다음 각 호의 어느 하나에 해당되는 경우에는 제1항에 따른 허가를 하지 아니하거나 취수량을 제한할 수 있다. 〈개정 2009. 4. 1., 2011. 4. 14., 2013. 3. 23., 2018. 6. 8.〉

1. 하천수를 오염시키거나 유량감소를 유발하여 자연생태계를 해칠 우려가 있는 경우

2. 하천수의 적정관리 또는 도시·군관리계획, 그 밖에 공공사업에 지장을 주는 등 다른 공익을 해할 우려가 있는 경우

3. 하천수의 취수로 인근 지역의 시설물의 안전을 해칠 우려가 있는 경우

4. 그 밖에 하천수의 보전을 위하여 필요하다고 인정되는 경우로서 대통령령으로 정하는 경우

④ 환경부장관은 제1항에 따라 허가 또는 변경허가를 하려는 경우 기후변화에 효과적으로 대비하고 제49조에 따른 하천수 사용·관리에 지장이 없도록 하천수 취수시설[(取水施設): 하천에서 필요한 물을 끌어오는 시설을 말한다. 이하 같다]의 설치·개선 등에 관하여 조건을 붙일 수 있다. 〈신설 2022. 6. 10.〉

⑤ 환경부장관은 제4항에 따른 하천수 취수시설의 설치·개선 등의 대상이 다음 각 호의 어느 하나에 해당하는 경우에는 그 시설의 개선에 필요한 비용의 전부 또는 일부를 지원할 수 있다. 〈신설 2022. 6. 10.〉

1. 지방자치단체가 설치·관리하는 시설

2. 「공공기관의 운영에 관한 법률」 제4조에 따른 공공기관이 설치·관리하는 시설

3. 그 밖에 대통령령으로 정하는 바에 따라 공익상 필요하다고 인정되는 경우

⑥제1항에 따른 허가의 유효기간 및 세부적인 기준 등에 필요한 사항은 환경부령으로 정한다. 〈개정 2009. 4. 1., 2013. 3. 23.,

2018. 6. 8., 2022. 6. 10.〉

⑦시·도지사는 제1항에 따라 하천수 사용허가를 받은 자에게 사용료를 징수할 수 있다. 〈개정 2022. 6. 10.〉

⑧하천의 인근에서 지하수를 채취할 경우 「지하수법」 제7조에 따른 지하수영향조사 결과 하천의 수량에 영향을 미치는 것으로 인정되는 때에는 하천관리청은 그 지하수를 채취하는 자로부터 제7항에 따른 하천수 사용료를 징수할 수 있다. 〈개정 2022. 6. 10.〉

⑨제30조제10항은 제1항에 따른 허가사항이 제30조제1항 또는 제33조제1항에 따른 허가사항과 중복되거나 관련되는 경우에 준용한다. 〈개정 2020. 12. 22., 2022. 6. 10.〉

⑩기득하천사용자의 보호 및 손실보상에 관하여는 제34조 및 제35조를 준용한다. 〈개정 2022. 6. 10.〉

⑪제7항 및 제8항에 따른 하천수 사용료의 징수 및 감면에 관하여는 제37조제3항부터 제5항까지의 규정을 준용한다. 〈개정 2022. 6. 10.〉

제50조의2(일시적 하천수의 사용신고 등) ① 제50조의 하천수 사용허가 대상 중 소방·청소·비산먼지 제거·가뭄 시 농업용수 공급 등의 일시적 작업용도로 하천수를 사용하려는 자는 대통령령으로 정하는 바에 따라 미리 환경부장관에게 신고하고 하천수를 사용할 수 있다. 신고한 사항 중 제50조제1항의 대통령령으로 정한 중요한 사항을 변경하려는 경우에도 또한 같다. 〈개정 2018. 6. 8.〉

② 환경부장관은 제1항에 따른 신고 또는 변경신고를 받은 날부터 5일 이내에 신고수리 여부를 신고인에게 통지하여야 한다. 〈신설 2020. 12. 22.〉

③ 환경부장관이 제2항에서 정한 기간 내에 신고수리 여부 또는 민원 처리 관련 법령에 따른 처리기간의 연장을 신고인에게 통지하지 아니하면 그 기간(민원 처리 관련 법령에 따라 처리기간이 연장 또는 재연장된 경우에는 해당 처리기간을 말한다)이 끝난 날의 다음 날에 신고를 수리한 것으로 본다. 〈신설 2020. 12. 22.〉

④ 환경부장관은 제50조제3항 각 호의 어느 하나에 해당하는 경우에 취수량과 기간 제한, 취수지점의 조정, 사용중지 등 필요한 조치를 할 수 있다. 〈개정 2018. 6. 8., 2020. 12. 22.〉

⑤ 제1항에 따라 신고한 사항에 관하여는 제50조제2항, 하천수사용료의 징수와 감면에 관하여는 제50조제7항 및 제11항, 기득하천사용자의 보호 및 손실보상에 관하여는 제50조제10항을 준용한다. 〈개정 2020. 12. 22., 2022. 6. 10.〉

[본조신설 2015. 12. 29.]

제51조(하천유지유량) ①환경부장관은 제50조제1항에 따른 생활·공업·농업·환경개선·발전·주운 등의 하천수 사용을 고려하여 하천의 정상적인 기능 및 상태를 유지하기 위하여 필요한 최소한의 유량(이하 "하천유지유량"이라 한다)을 정하여 국가수자원관리위원회의 심의를 거쳐 이를 고시하여야 한다. 〈개정 2009. 4. 1., 2013. 3. 23., 2017. 1. 17., 2018. 6. 8.〉

②환경부장관은 하천유수의 상황을 대표할 수 있는 주요 지점(이하 "기준지점"이라 한다)을 하천별로 선정하여 기준지점별로 하천유지유량을 정하여야 한다. 〈개정 2009. 4. 1., 2013. 3. 23., 2018. 6. 8.〉

③하천관리청은 하천유지유량의 확보를 위하여 노력하여야 한다. 〈개정 2018. 6. 8., 2020. 12. 31.〉

④제2항에 따른 기준지점의 선정 및 하천유지유량의 산정방법 등에 필요한 사항은 대통령령으로 정한다.

제52조(하천수의 사용 및 관리) ①대통령령으로 정하는 하천수 사용자는 그 사용량을 확인할 수 있는 계측시설을 설치하고 환경부령으로 정하는 사항을 기록하여 보관하여야 한다. 〈개정 2009. 4. 1., 2013. 3. 23., 2018. 6. 8.〉

②환경부장관은 하천관리에 필요한 경우 「하수도법」 제19조제1항에 따라 공공하수도를 운영·관리하는 자에게 하천으로 방류하는 방류수량에 관한 자료의 제출을 요청할 수 있다. 〈개정 2009. 4. 1.,

2013. 3. 23., 2018. 6. 8.〉

③제1항에 따른 하천수 사용자는 그 사용계획 및 사용실적을 환경부장관에게 통보하여야 한다. 〈개정 2009. 4. 1., 2013. 3. 23., 2018. 6. 8.〉

④제1항에 따른 계측시설의 설치, 제2항에 따른 하천에 방류하는 방류수량 자료의 제출, 제3항에 따른 하천수의 사용계획 및 사용실적의 통보 등에 필요한 사항은 환경부령으로 정한다. 〈개정 2009. 4. 1., 2013. 3. 23., 2018. 6. 8.〉

⑤환경부장관은 제3항의 사용실적을 평가하여 제53조에 따른 하천수 사용조정에 활용하여야 한다. 〈개정 2009. 4. 1., 2013. 3. 23., 2018. 6. 8.〉

제53조(하천수 사용의 조정) ①환경부장관은 하천수의 상태가 다음 각 호의 어느 하나에 해당하여 하천수의 적정관리에 지장을 줄 경우에는 하천수 사용자의 사용을 제한하거나 제50조에 따른 허가수량을 조정하는 등 필요한 조치를 할 수 있다. 〈개정 2009. 4. 1., 2013. 3. 23., 2018. 6. 8.〉

1. 기준지점에서의 하천유지유량 확보가 곤란한 경우
2. 가뭄의 장기화 등으로 하천수 사용 허가수량을 조정하지 아니하면 공공의 이익에 해를 끼칠 우려가 있는 경우
3. 하천수의 사용자가 유효기간 안에 이를 사용하지 아니하거나 허가수량보다 환경부령으로 정하는 비율 이하로 사용한 경우
4. 그 밖에 허가된 하천수의 사용이 곤란하게 된 경우

②환경부장관은 제1항에 따라 허가수량을 조정하려는 경우(제1항 제3호에 해당하는 경우는 제외한다)에는 국가수자원관리위원회의 심의를 거쳐야 한다. 〈개정 2009. 4. 1., 2013. 3. 23., 2017. 1. 17., 2017. 3. 21., 2018. 6. 8.〉

③환경부장관은 제1항에 따라 허가수량을 조정하기 전에 지역주민 등의 의견을 반영하기 위하여 대통령령으로 정하는 바에 따라 하천수조정협의회를 구성·운영할 수 있다. 〈개정 2009. 4. 1.,

2013. 3. 23., 2018. 6. 8.〉

④환경부장관은 제1항에 따라 허가수량을 조정한 경우에는 하천수 사용허가를 받은 자 및 댐등의 설치자 또는 관리자에게 이를 통보하여야 한다. 〈개정 2009. 4. 1., 2013. 3. 23., 2018. 6. 8., 2018. 8. 14.〉

第54조(하천수 분쟁조정의 신청 등) ①다음 각 호의 어느 하나에 해당하는 자는 하천수의 사용에 관한 분쟁이 있는 경우 대통령령으로 정하는 바에 따라 국가수자원관리위원회에 조정을 신청할 수 있다. 〈개정 2017. 1. 17., 2018. 8. 14.〉

1. 제39조에 따른 댐등의 설치자 또는 관리자
2. 제50조에 따라 하천수의 사용허가를 받은 자
3. 기득하천사용자
4. 하천수의 사용에 이해관계가 있는 지방자치단체

②제1항에도 불구하고 제53조에 따라 환경부장관이 국가수자원관리위원회의 심의를 거쳐 하천수 사용을 조정한 경우에는 하천수 분쟁조정의 신청을 할 수 없다. 〈개정 2009. 4. 1., 2013. 3. 23., 2017. 1. 17., 2018. 6. 8.〉

③국가수자원관리위원회는 제1항에 따라 조정신청을 받은 때에는 지체 없이 그 신청내용을 상대방에게 통지하여야 한다. 〈개정 2017. 1. 17.〉

④제3항에 따라 통지를 받은 상대방은 특별한 사정이 없으면 국가수자원관리위원회의 회의에 참석하여야 한다. 다만, 부득이한 사정으로 참석할 수 없는 경우에는 서면으로 의견을 제출할 수 있다. 〈개정 2017. 1. 17., 2020. 5. 26.〉

⑤국가수자원관리위원회는 조정신청을 받은 날부터 90일 이내에 이를 심사하여 조정안을 작성하여야 한다. 다만, 부득이한 사정이 있는 경우에는 국가수자원관리위원회의 의결로써 60일의 범위 내에서 그 기간을 연장할 수 있다. 〈개정 2017. 1. 17.〉

⑥국가수자원관리위원회는 제5항 단서에 따라 기간을 연장한 때

에는 기간연장의 내용 및 사유 등을 당사자에게 통지하여야 한다. 〈개정 2017. 1. 17.〉

⑦국가수자원관리위원회는 분쟁조정에 필요하다고 인정되는 때에는 환경부 소속 공무원으로 하여금 관계 서류를 열람하게 하거나 관계 사업장에 출입하여 조사하게 할 수 있으며 당사자 또는 관계 전문가로 하여금 국가수자원관리위원회의 회의에 출석하게 하여 그 의견을 진술하게 할 수 있다. 〈개정 2009. 4. 1., 2013. 3. 23., 2017. 1. 17., 2018. 6. 8.〉

⑧제7항에 따라 열람 또는 조사를 하는 공무원은 그 권한을 표시하는 증표를 지니고 이를 관계인에게 내보여야 한다.

⑨제7항에 따른 관계 서류의 열람 및 관계 사업장에의 출입 조사에 필요한 사항은 환경부령으로 정한다. 〈개정 2009. 4. 1., 2013. 3. 23., 2018. 6. 8.〉

제55조(하천수 분쟁조정의 거부 및 중지) ①국가수자원관리위원회는 분쟁의 성질상 국가수자원관리위원회에서 조정하는 것이 적합하지 아니하다고 인정되거나 부정한 목적으로 조정을 신청한 것으로 인정되는 때에는 조정을 하지 아니할 수 있다. 이 경우 조정을 하지 아니하는 사유 등을 신청인에게 통지하여야 한다. 〈개정 2017. 1. 17.〉

②국가수자원관리위원회는 분쟁 당사자 중 어느 한쪽이 조정을 거부한 때에는 조정경위 및 조정거부 이유 등을 상대방에게 서면으로 통지하여야 한다. 〈개정 2017. 1. 17.〉

③분쟁조정 중에 어느 한쪽의 당사자가 소를 제기한 경우 그 당사자는 국가수자원관리위원회에 분쟁조정의 중지를 요청할 수 있다. 이 경우 국가수자원관리위원회는 지체 없이 분쟁조정을 중지하여야 한다. 〈개정 2017. 1. 17.〉

제56조(하천수 분쟁조정의 효력 등) ①국가수자원관리위원회는 조정안을 작성한 때에는 지체 없이 각 당사자에게 이를 제시하여야 한다. 〈개정 2017. 1. 17.〉

②제1항에 따라 조정안을 제시받은 당사자는 제시받은 날부터 15

일 이내에 그 수락 여부를 국가수자원관리위원회에 통지하여야 한다. 〈개정 2017. 1. 17.〉

③각 당사자가 조정안을 수락한 때에는 국가수자원관리위원회는 즉시 조정조서를 작성하여야 하며, 국가수자원관리위원회의 위원장 및 각 당사자는 이에 기명날인하여야 한다. 〈개정 2017. 1. 17.〉

④각 당사자가 조정안을 수락한 때에는 당사자 간에 조정조서와 동일한 내용의 합의가 성립된 것으로 본다.

제57조(하천수 분쟁조정비용의 부담) ①분쟁조정을 위한 조사·용역 등에 든 비용은 신청인이 부담한다. 다만, 조정이 성립된 경우로서 특약이 없는 때에는 당사자가 균등하게 부담한다.

②국가수자원관리위원회는 필요하다고 인정되는 경우에는 당사자로 하여금 제1항에 따른 비용을 대통령령으로 정하는 바에 따라 예치하게 할 수 있다. 〈개정 2017. 1. 17.〉

제8장 하천에 관한 비용과 수익

제58조(비용과 수익의 범위) 이 법에 따른 하천공사 및 하천의 유지·보수 등에 관한 비용과 하천으로부터 생기는 수익의 범위는 대통령령으로 정한다.

제59조(비용부담의 원칙) ① 하천에 관한 비용은 이 법 또는 다른 법률에 특별한 규정이 있는 경우를 제외하고는 국가하천에 관한 것은 국고의 부담으로 하고, 지방하천에 관한 것은 해당 시·도의 부담으로 한다. 다만, 제27조제6항 단서에 따라 시·도지사가 국가하천의 유지·보수를 하는 경우에 필요한 비용은 해당 시·도의 부담으로 한다. 〈개정 2023. 8. 16.〉

② 제1항에도 불구하고 제27조제4항에 따른 국가하천 배수영향구간의 하천공사에 관한 비용은 국고의 부담으로 한다. 〈신설 2023. 8. 16.〉

제60조(대행공사 등의 비용) ①환경부장관이 제28조에 따라 하천공

사를 대행하는 경우와 시·도지사 또는 정부투자기관으로 하여금 하천공사를 대행하게 하는 경우 이에 드는 비용은 국고의 부담으로 한다. 〈개정 2009. 4. 1., 2013. 3. 23., 2020. 12. 31.〉

②제9조제1항(제27조제10항에 따라 준용되는 경우를 포함한다)에 따라 하천관리청 및 관리방법을 따로 정한 경우에는 부담대상 및 부담비율 등은 환경부령으로 정한다. 제9조제2항은 부담대상 및 부담비율 등을 정하는 경우에 준용한다. 〈개정 2009. 4. 1., 2013. 3. 23., 2020. 12. 31., 2023. 8. 16.〉

③제36조제1항에 따라 하천관리청이 시행하는 하천점용에 관한 공사에 필요한 비용은 그 하천을 점용하는 자의 부담으로 한다.

제61조(지방자치단체의 비용부담) ①환경부장관은 국가가 부담하여야 하는 하천에 관한 비용의 일부를 대통령령으로 정하는 바에 따라 해당 하천공사나 하천의 유지·보수로 이익을 받는 시·도에 부담시킬 수 있다. 〈개정 2009. 4. 1., 2013. 3. 23., 2020. 12. 31.〉

②환경부장관은 시·도지사가 시행하는 하천공사나 하천의 유지·보수로 다른 시·도가 이익을 받는 경우에는 대통령령으로 정하는 바에 따라 해당 하천공사 또는 하천의 유지·보수에 필요한 비용의 일부를 그 이익을 받는 다른 시·도에 부담시킬 수 있다. 〈개정 2009. 4. 1., 2013. 3. 23., 2020. 12. 31.〉

③제1항 및 제2항에 따라 부담명령을 받은 시·도지사는 해당 하천공사나 하천의 유지·보수로 특히 이익을 받는 시·군·구가 있는 때에는 그 부담금의 전부 또는 일부를 해당 시·군·구에 부담시킬 수 있다. 〈개정 2023. 1. 3.〉

제62조(겸용 공작물에 대한 하천관리청의 부담) 하천관리청이 아닌 자가 시행하는 하천시설의 효용을 겸한 다른 공작물에 관한 공사 또는 그 유지·보수에 필요한 비용의 일부는 제59조에 따른 구분에 따라 비용을 부담하는 국고 또는 시·도가 그 이익을 받는 범위 안에서 부담할 수 있다.

제63조(의무이행에 필요한 비용) 이 법 또는 이 법에 따라 발하는 명령이나 조례 또는 이에 따른 처분으로 생기는 의무의 이행에 필요한 비용은 이 법에 특별한 규정이 있는 경우를 제외하고는 그 의무자의 부담으로 한다.

제64조(비용보조) 환경부장관은 다음 각 호의 어느 하나에 해당하는 경우에는 그 비용의 일부를 시·도에 보조할 수 있다. 〈개정 2009. 4. 1., 2013. 3. 23., 2020. 12. 31.〉

1. 국가하천의 유지·보수
2. 대통령령으로 정하는 하천공사
3. 그 밖에 대통령령으로 정하는 사항

제65조(부담금의 귀속) ①하천에 관한 비용의 부담금은 환경부장관이 부담하게 한 경우에는 국고의 수입으로 하고, 시·도지사가 부담하게 한 경우에는 해당 시·도의 수입으로 한다. 다만, 제61조제2항 및 제3항에 따른 부담금은 해당 하천공사나 하천의 유지·보수를 한 시·도의 수입으로 하고, 제62조에 따른 부담금은 해당 다른 공작물의 관리자의 수입으로 한다. 〈개정 2009. 4. 1., 2013. 3. 23., 2020. 12. 31.〉

②제37조 및 제50조제7항에 따라 징수하는 점용료·사용료 등은 해당 시·도의 수입으로 하고, 그 밖에 하천에서 생기는 수입은 국가하천에 관한 것은 국고의 수입으로, 지방하천에 관한 것은 시·도의 수입으로 한다. 〈개정 2022. 6. 10.〉

제66조(수입금의 사용제한) 지방자치단체는 하천에서 생기는 부담금·점용료·사용료 및 변상금, 제85조에 따라 양여받은 폐천부지 등으로 인한 수입금과 그 밖의 수입을 대통령령으로 정하는 기준에 따라 하천의 유지·보수에 관한 비용에 사용하여야 한다.

제67조(부담금 등의 강제징수) ①이 법 또는 이 법에 따라 발하는 명령이나 조례 또는 이에 따른 처분으로 생기는 부담금·점용료·사용료 및 변상금, 그 밖의 납부금을 납부하여야 하는 자가 이를 납부하지 아니하는 때에는 가산금을 징수한다.

②「국세징수법」 제21조 및 제22조는 제1항에 따른 가산금에 관하여 준용한다.

③부담금 · 점용료 · 사용료 및 변상금, 그 밖의 납부금을 납부하여야 하는 자가 그 납부기한까지 납부하지 아니한 때에는 국세 또는 지방세 체납처분의 예에 따라 징수한다.

제68조(잘못 납부된 부담금 등의 반환) 하천관리청은 잘못 납부된 부담금 · 점용료 · 사용료 및 변상금 그 밖의 납부금을 반환할 경우 잘못 납부된 날(분할 납부시에는 최종 납부한 날을 말한다)의 다음 날부터 반환하는 날까지의 기간에 대하여 대통령령으로 정하는 이자를 가산하여 반환하여야 한다. 〈개정 2018. 6. 8., 2020. 12. 31.〉

제9장 감독

제69조(법령위반자 등에 대한 처분 등) ①하천관리청(제46조제6호에 따른 금지행위 위반에 관한 처분 등의 경우에는 시 · 도지사를 말한다. 이하 제95조제10호에서 같다)은 다음 각 호의 어느 하나에 해당하는 경우에는 이 법에 따른 허가 또는 승인의 취소 · 변경, 그 효력의 정지, 공사 및 그 밖의 행위의 중지, 공작물 또는 물건의 개축 · 변경 · 이전 · 제거의 조치를 명하거나 그 밖에 필요한 처분을 할 수 있다. 〈개정 2016. 1. 19., 2018. 6. 8., 2020. 6. 9., 2020. 12. 31.〉

1. 제6조 · 제14조 · 제30조 · 제33조 · 제38조 · 제43조 · 제46조부터 제48조까지 · 제50조 · 제52조 · 제53조 또는 같은 조에 따른 명령이나 이에 따른 처분을 위반한 경우

2. 거짓이나 그 밖의 부정한 방법으로 이 법에 따른 허가를 받거나 승인을 얻은 경우

3. 이 법에 따른 허가 또는 승인에 따라 사업을 영위하기 위하여 다른 법령에 따라 받아야 하는 관계 행정기관의 허가 · 인가, 그 밖의 처분을 받지 못하거나 이를 받은 후 취소 또는 실효된 경우

4. 허가 또는 승인과 관계되는 공사, 그 밖의 행위 또는 이와 관

계되는 사업의 전부나 일부가 폐지된 경우

②환경부장관은 제1항에 따른 처분 등을 한 때에는 지체 없이 그 지역을 관할하는 시·도지사에게 통지하여야 한다. 〈개정 2009. 4. 1., 2013. 3. 23., 2018. 6. 8., 2020. 12. 31.〉

제70조(공익을 위한 처분 등) ①하천관리청은 다음 각 호의 어느 하나에 해당하는 경우에는 이 법에 따른 허가를 받거나 승인을 얻은 자에 대하여 제69조제1항에 따른 처분을 하거나 조치를 명할 수 있다. 〈개정 2018. 6. 8., 2018. 8. 14., 2020. 12. 31.〉

1. 하천수량의 부족 또는 하천상황의 변경으로 부득이한 경우

2. 하천의 보전 및 재해 예방 등 공익에 대한 피해를 없애거나 줄이기 위하여 필요한 경우

3. 하천공사를 하기 위하여 필요한 경우

4. 「공익사업을 위한 토지 등의 취득 및 보상에 관한 법률」 제4조에 따른 공익사업을 위하여 필요한 경우

②환경부장관은 제1항에 따른 처분 등을 한 때에는 지체 없이 그 지역을 관할하는 시·도지사에게 통지하여야 한다. 〈개정 2009. 4. 1., 2013. 3. 23., 2018. 6. 8., 2020. 12. 31.〉

제71조(하천관리청에 대한 감독 등) ①환경부장관은 다음 각 호의 어느 하나에 해당하는 경우에는 하천관리청이 행한 처분의 취소·변경, 공사의 시행중지·변경 또는 하천의 유지·보수 및 관리를 위하여 필요한 조치를 명할 수 있다. 〈개정 2009. 4. 1., 2013. 3. 23., 2020. 12. 31.〉

1. 하천관리청이 행한 처분이나 공사가 이 법 또는 이 법에 따른 명령이나 이에 따른 감독관청의 처분을 위반한 경우

2. 하천의 보전, 공해의 제거 또는 예방을 위하여 필요하다고 인정되는 경우

②환경부장관은 이 법에 따른 업무의 효율적인 수행을 위하여 필요하다고 인정되는 때에는 하천관리청에 대하여 필요한 사항을 보고하게 하거나 자료 등의 제출을 요청할 수 있다. 〈개정 2009. 4. 1.,

2013. 3. 23., 2020. 12. 31.〉

제72조(하천관리원) ①시·도지사 또는 환경부장관은 하천의 효율적인 관리 및 하천의 감시, 하천의 안전을 위하여 필요한 때에는 그 소속 공무원 중에서 하천관리원을 임명할 수 있다. 〈개정 2018. 8. 14., 2020. 12. 31.〉

②하천관리원은 다음 각 호에 해당되는 자에 대하여 공사의 중지를 명하거나, 공작물이나 그 밖의 물건의 개축·이전·제거 또는 그 공작물이나 물건으로 생길 위해를 예방하기 위하여 필요한 조치를 하게 할 수 있다.

1. 제30조·제33조·제38조·제46조부터 제48조까지 및 제50조를 위반한 자

2. 제69조 및 제70조에 따른 처분을 위반한 자

③제2항에 따라 공사의 중지를 명하거나 하천의 감시, 하천의 안전 등을 위한 조치를 하려는 자는 그 권한을 표시하는 증표를 지니고 이를 관계인에게 내보여야 한다.

④제3항에 따른 증표에 필요한 사항은 환경부령으로 정한다. 〈개정 2009. 4. 1., 2013. 3. 23., 2020. 12. 31.〉

⑤ 제2항에도 불구하고 하천관리원이 제2항에 따른 조치를 게을리 하는 경우 환경부장관은 시·도지사에게 기간을 정하여 그 조치를 철저히 할 것을 명령할 수 있고, 해당 명령이 기간 내에 이행되지 아니한 때에는 환경부장관이 직접 필요한 조치를 할 수 있다. 〈신설 2017. 3. 21., 2018. 6. 8., 2020. 12. 31.〉

제73조(행정대집행의 적용 특례) ①하천관리청은 수해방지 등을 위하여 긴급한 실시가 필요한 경우로서 「행정대집행법」 제3조제1항 및 제2항에 따른 절차에 따르면 그 목적을 달성하기가 곤란한 경우에는 해당 절차를 거치지 아니하고 점용물등의 제거, 그 밖에 필요한 조치를 할 수 있다.

②제1항에 따른 점용물 등의 제거, 그 밖의 필요한 조치는 하천관리를 위하여 필요한 최소한도에 그쳐야 한다.

③제1항 및 제2항에 따른 대집행으로 제거된 점용물 등의 보관 및 처리에 필요한 사항은 대통령령으로 정한다.

제74조(하천관리상황의 점검 등) ①하천관리청은 하천시설의 관리상황과 하천의 점용상황 등에 대한 점검을 실시하여 하천시설의 유지 · 보수 또는 불법행위에 대한 시정 등을 위하여 필요한 조치를 하여야 한다.

② 하천관리청은 하계기간 등 환경부령으로 정하는 기간에는 불법점용으로 인하여 하천의 보전 · 관리에 지장을 줄 우려가 있다고 판단되는 경우에는 집중 점검을 실시하고 필요한 조치를 하여야 한다. 〈신설 2024. 2. 20.〉

③제1항 및 제2항에 따른 점검의 내용 · 방법 및 점검사항에 대한 조치결과의 통지 등에 필요한 사항은 대통령령으로 정한다. 〈개정 2024. 2. 20.〉

제10장 보칙

제75조(타인의 토지에의 출입 등) ①환경부장관, 하천관리청, 환경부장관 · 하천관리청으로부터 명령이나 위임 · 위탁을 받은 자 또는 환경부장관 · 하천관리청의 하천공사를 대행하는 자는 하천공사, 하천에 관한 조사 · 측량, 그 밖에 하천관리를 위하여 필요한 경우에는 타인의 토지에 출입하거나 특별한 용도로 이용되지 아니하고 있는 타인의 토지를 재료적치장 · 통로 또는 임시도로로 일시 사용할 수 있으며 부득이한 경우에는 죽목 · 토석, 그 밖의 장애물을 변경하거나 제거할 수 있다. 〈개정 2009. 4. 1., 2013. 3. 23., 2017. 1. 17., 2018. 6. 8., 2020. 12. 31.〉

②제1항에 따라 타인의 토지에 출입하려는 자는 출입할 날의 3일 전까지 그 토지의 소유자 또는 점유자나 관리인에게 그 일시와 장소를 통지하여야 한다.

③타인의 토지를 재료적치장 · 통로 또는 임시도로로 일시 사용하거나 죽목 · 토석, 그 밖의 장애물을 변경 또는 제거하려는 자는 미

리 그 소유자 또는 점유자나 관리인의 동의를 얻어야 한다. 다만, 그 소유자 또는 점유자나 관리인의 주소 또는 거소를 알 수 없거나 동의를 얻을 수 없는 때에는 관할 시장·군수·구청장의 허가를 받아야 한다.

④일출 전·일몰 후에는 그 토지의 점유자의 승낙 없이 택지 또는 울타리나 담장으로 둘러싸인 타인의 토지에 출입하여서는 아니 된다.

⑤제1항에 따라 타인의 토지에 출입하려는 자는 그 권한을 나타내는 증표를 지니고 이를 관계인에게 내보여야 한다.

⑥제5항에 따른 증표에 필요한 사항은 환경부령으로 정한다. 〈개정 2009. 4. 1., 2013. 3. 23., 2020. 12. 31.〉

제76조(공용부담 등으로 인한 손실보상) ①제75조에 따른 처분이나 제한으로 손실을 입은 자가 있거나 하천관리청이 시행하는 하천공사로 손실을 입은 자가 있는 때에는 환경부장관이 행한 처분이나 공사로 인한 것은 국고에서, 시·도지사가 행한 처분이나 공사로 인한 것은 해당 시·도에서 그 손실을 보상하여야 한다. 〈개정 2009. 4. 1., 2013. 3. 23., 2015. 8. 11., 2017. 1. 17., 2018. 6. 8., 2020. 12. 31.〉

②환경부장관, 시·도지사는 제1항에 따른 손실을 보상하는 경우에는 손실을 입은 자와 협의하여야 한다. 〈개정 2009. 4. 1., 2013. 3. 23., 2018. 6. 8., 2020. 6. 9., 2020. 12. 31.〉

③제2항에 따른 협의가 성립되지 아니하거나 협의를 할 수 없는 때에는 대통령령으로 정하는 바에 따라 관할 토지수용위원회에 재결을 신청할 수 있다.

④제1항부터 제3항까지에 따라 손실보상을 하는 경우 이 법에 규정된 것을 제외하고는 「공익사업을 위한 토지 등의 취득 및 보상에 관한 법률」을 준용한다. 〈개정 2020. 6. 9.〉

제77조(감독처분으로 인한 손실보상) ①제76조는 제70조에 따른 하천관리청의 처분으로 생긴 손실과 제71조에 따른 환경부장관의 처

분으로 생긴 손실 또는 환경부장관의 명령에 따라 하천관리청이 그 처분을 취소 또는 변경함으로 생긴 손실의 보상에 관하여 준용한다. 〈개정 2009. 4. 1., 2013. 3. 23., 2018. 6. 8., 2020. 12. 31.〉

②제1항의 경우 해당 손실이 제70조제1항제2호 및 제4호에 따른 처분으로 생긴 것인 때에는 하천관리청은 그 공사 또는 사업에 관한 비용을 부담하는 자에 대하여 그 손실의 전부 또는 일부를 보상하게 할 수 있다. 〈개정 2018. 6. 8., 2020. 12. 31.〉

제78조(토지 등의 수용·사용) ①다음 각 호의 어느 하나에 해당하는 자는 하천공사에 필요한 때에는 「공익사업을 위한 토지 등의 취득 및 보상에 관한 법률」 제3조에 따른 토지·물건 또는 권리를 수용 또는 사용할 수 있다. 〈개정 2009. 4. 1., 2013. 3. 23., 2016. 1. 19., 2017. 1. 17., 2020. 6. 9.〉

1. 제27조에 따라 하천공사를 하는 하천관리청
2. 제28조에 따라 하천공사를 대행하는 자
3. 제30조에 따라 하천공사허가를 받은 하천관리청이 아닌 자(행정기관·정부투자기관 또는 지방공기업에 한정한다)
4. 삭제 〈2017. 1. 17.〉

②제1항에 따라 토지·물건 또는 권리를 수용 또는 사용하는 경우에는 이 법에 특별한 규정이 있는 경우를 제외하고는 「공익사업을 위한 토지 등의 취득 및 보상에 관한 법률」을 준용한다. 〈개정 2016. 1. 19.〉

③제2항에 따라 「공익사업을 위한 토지 등의 취득 및 보상에 관한 법률」을 준용할 때 다음 각 호의 어느 하나에 해당하는 경우에는 「공익사업을 위한 토지 등의 취득 및 보상에 관한 법률」 제20조제1항 및 제22조에 따른 사업인정과 사업인정의 고시가 있는 것으로 보며, 재결신청은 같은 법 제23조제1항 및 제28조제1항에도 불구하고 해당 하천공사의 사업기간 내에 하여야 한다. 〈개정 2017. 1. 17., 2020. 6. 9.〉

1. 제27조에 따라 하천공사시행계획을 수립·고시한 경우

2. 제30조에 따라 하천공사실시계획을 수립·고시한 경우

3. 삭제 <2017. 1. 17.>

[제목개정 2016. 1. 19.]

제79조(토지등의 매수청구) ①하천구역(지방하천의 하천구역은 제외한다)의 결정 또는 변경으로 그 구역 안의 토지, 건축물, 그 밖에 그 토지에 정착된 물건(이하 "토지등"이라 한다)을 종래의 용도로 사용할 수 없어 그 효용이 현저하게 감소한 토지등 또는 그 토지등의 사용 및 수익이 사실상 불가능한 토지등(이하 "매수대상토지등"이라 한다)의 소유자로서 다음 각 호의 어느 하나에 해당하는 자는 하천관리청에 그 토지등의 매수를 청구할 수 있다. <개정 2016. 1. 19., 2020. 6. 9.>

1. 하천구역의 결정 당시(법률 제5893호 하천법개정법률 제2조제1항제2호가목부터 다목까지의 규정에 따른 하천구역을 이 법에 따른 하천구역으로 결정하는 경우에는 2008년 4월 7일을 말한다) 또는 변경 당시부터 해당 토지등을 계속 소유한 자

2. 토지등의 사용·수익이 불가능하게 되기 전에 그 토지등을 취득하여 계속 소유한 자

3. 삭제 <2016. 1. 19.>

4. 제1호 또는 제2호의 자로부터 그 토지등을 상속받아 계속 소유한 자

② 하천관리청은 제1항에 따라 매수청구를 받은 토지등이 제3항에 따른 기준에 해당하면 그 토지등을 매수하여야 한다. <신설 2016. 1. 19.>

③제1항에서 종래의 용도로 사용할 수 없어 그 효용이 현저하게 감소한 토지등 또는 그 토지등의 사용 및 수익이 사실상 불가능한 토지등의 구체적인 판정기준은 대통령령으로 정한다. <개정 2016. 1. 19.>

[제목개정 2016. 1. 19.]

제80조(매수청구의 절차 등) ①하천관리청은 제79조제1항에 따라

토지등의 매수청구를 받은 날부터 6개월 이내에 매수대상 여부 및 매수예상가격 등을 매수청구인에게 통보하여야 한다. 〈개정 2016. 1. 19.〉

②하천관리청은 제1항에 따라 매수대상토지등으로 통보를 한 토지등에 대해서는 5년의 범위에서 대통령령으로 정하는 기간 이내에 매수계획을 수립하여 그 매수대상토지등을 매수하여야 한다. 〈개정 2016. 1. 19.〉

③ 매수대상토지등을 매수하려는 경우 매수대상토지등의 매수가격(이하 "매수가격"이라 한다)의 산정 기준, 방법 및 시기 등에 관하여는 「공익사업을 위한 토지 등의 취득 및 보상에 관한 법률」을 준용한다. 〈개정 2016. 1. 19.〉

④제1항부터 제3항까지의 규정에 따라 매수한 토지등은 국가에 귀속된다. 〈개정 2016. 1. 19.〉

⑤제1항부터 제3항까지의 규정에 따라 토지등을 매수하는 경우의 매수절차와 그 밖에 필요한 사항은 대통령령으로 정한다. 〈개정 2016. 1. 19.〉

제81조(매수청구토지등에 관한 비용) ①하천관리청은 매수가격의 산정을 위한 감정평가 등에 드는 비용을 부담한다. 〈개정 2016. 1. 19.〉

②하천관리청은 제1항에도 불구하고 매수청구인이 정당한 사유 없이 매수청구를 철회하는 경우에는 대통령령으로 정하는 바에 따라 감정평가에 따르는 비용의 전부 또는 일부를 매수청구인에게 부담하게 할 수 있다. 다만, 다음 각 호의 어느 하나에 해당하는 경우에는 그러하지 아니하다. 〈개정 2016. 1. 19.〉

1. 매수예상 가격에 비하여 매수가격이 대통령령으로 정하는 비율 이상 떨어진 경우

2. 법령의 개정·폐지 등으로 인하여 매수청구의 사유가 소멸된 경우

③매수청구인이 제2항 본문에 따라 부담하여야 하는 비용을 납부하지 아니한 경우에는 국세 체납처분의 예에 따라 징수한다.

[제목개정 2016. 1. 19.]

第82조(손실보상업무 등의 위임 또는 위탁) ①환경부장관은 하천공사로 인한 손실보상업무와 토지등의 매수청구업무를 대통령령으로 정하는 바에 따라 관할 지방자치단체의 장에게 위임하거나 대통령령으로 정하는 정부투자기관의 장에게 위탁할 수 있다. 〈개정 2009. 4. 1., 2013. 3. 23., 2016. 1. 19., 2017. 1. 17., 2020. 12. 31.〉

②환경부장관은 제1항에 따라 손실보상업무 및 매수청구업무를 위임 또는 위탁하는 경우에는 손실보상금액 및 매수금액의 100분의 2의 범위 안에서 대통령령으로 정하는 요율의 수수료를 그 업무를 위임 또는 위탁받은 지방자치단체의 장 또는 정부투자기관의 장에게 지급하여야 한다. 〈개정 2009. 4. 1., 2013. 3. 23., 2020. 12. 31.〉

第83조(하천표지) ①하천관리청은 하천 구조의 보전 등을 위하여 필요한 장소에 하천표지를 설치·관리하여야 한다.

②제1항에 따른 하천표지의 종류·표시방법, 그 밖에 필요한 사항은 환경부령으로 정한다. 〈개정 2009. 4. 1., 2013. 3. 23., 2020. 12. 31.〉

第84조(폐천부지등의 관리) ①하천관리청은 하천공사 또는 홍수, 그 밖의 자연현상으로 하천의 유로가 변경되어 하천구역에서 제외된 토지(국유 또는 공유인 토지에 한정하며, 이하 "폐천부지등"이라 한다)가 발생한 경우에는 환경부령으로 정하는 바에 따라 폐천부지등의 발생일부터 3년 이내에 이를 고시하여야 한다. 〈개정 2009. 4. 1., 2013. 3. 23., 2020. 6. 9., 2020. 12. 31.〉

②제1항에 따라 발생한 폐천부지등은 치수 및 하천환경보전 등의 목적에 우선적으로 활용하여야 한다.

第85조(폐천부지등의 교환·양여) ①하천관리청은 폐천부지등이 다음 각 호의 요건에 해당하는 경우에는 그 폐천부지등을 대통령령으로 정하는 순위 및 기준에 따라 새로이 하천구역으로 된 타인의 토지 또는 하천구역에 이미 편입된 타인의 토지와 교환하거나, 하천으로 편입되기 전의 당초의 소유자, 제28조에 따라 하천공사를 대행한 자, 제30조제1항에 따라 하천공사를 시행한 하천관리청이 아닌 자 또는 관할 시·도지사에게 양여할 수 있다.

1. 치수 및 하천환경보전 등의 목적으로 활용할 필요가 없을 것

2. 국유재산 또는 공유재산으로 둘 필요가 없을 것

②제1항에 따라 폐천부지등을 양여받은 시·도지사는 「공유재산 및 물품 관리법」 제10조 및 제28조에도 불구하고 이를 처분할 수 있다.

제86조(폐천부지등에 관한 비용 등) 폐천부지등의 교환·양여에 필요한 비용 또는 그로부터의 수입은 환경부장관이 행하는 경우에는 국고의, 시·도지사가 행하는 경우에는 해당 시·도의 부담 또는 수입으로 한다. 〈개정 2009. 4. 1., 2013. 3. 23., 2020. 12. 31.〉

제87조 삭제 〈2017. 1. 17.〉

제88조(협회의 설립) ①하천 관련 학계·연구기관·시공업체 및 용역업체 등에 종사하는 자, 그 밖에 대통령령으로 정하는 자는 하천 및 하천환경에 관한 조사연구·기술개발·교육·홍보, 그 밖에 하천의 활용 및 보존을 위하여 협회를 설립할 수 있다.

②제1항에 따른 협회(이하 "협회"라 한다)는 법인으로 한다.

③협회는 환경부장관의 인가를 받아 주된 사무소의 소재지에서 설립등기를 함으로써 성립한다. 〈개정 2009. 4. 1., 2013. 3. 23., 2020. 12. 31.〉

④협회의 회원자격에 관한 사항은 정관으로 정한다.

⑤협회의 정관의 기재사항과 협회의 감독에 필요한 사항 등은 대통령령으로 정한다.

⑥국가 또는 지방자치단체가 그 업무를 협회에 위탁하는 경우에는 위탁업무의 수행에 드는 경비의 전부 또는 일부를 예산의 범위 안에서 지원할 수 있다.

⑦협회에 관하여 이 법에 규정된 사항을 제외하고는 「민법」 중 사단법인에 관한 규정을 준용한다.

제89조 삭제 〈2016. 1. 19.〉

제90조(보고 및 출입 등) ①하천관리청은 이 법에 따라 허가를 받거나 승인을 얻은 자에게 하천관리에 필요한 보고를 하게 하거나 이 법에 따른 권한을 행사하기 위하여 필요한 범위 안에서 소속 공무원으로 하여금 그 허가를 받거나 승인을 얻은 자의 사무실 · 사업장 그 밖에 필요한 장소에 출입하여 공사상황, 공작물 · 설계도서, 그 밖에 필요한 물건 및 서류를 검사하게 할 수 있다. 〈개정 2018. 6. 8., 2020. 12. 31.〉

②제72조제3항 및 제4항은 제1항에 따라 출입 · 검사를 하는 공무원에게 준용한다.

제91조(청문) 하천관리청은 제69조 및 제70조에 따라 이 법에 따른 허가 또는 승인을 취소하는 경우에는 청문을 실시하여야 한다. 〈개정 2018. 6. 8., 2020. 12. 31.〉

제92조(권한의 위임 · 위탁 등) ①이 법에 따른 환경부장관의 권한은 그 일부를 대통령령으로 정하는 바에 따라 시 · 도지사 또는 소속 기관의 장에게 위임할 수 있다. 〈개정 2009. 4. 1., 2013. 3. 23., 2018. 6. 8., 2020. 12. 31.〉

②시 · 도지사는 제1항에 따라 위임받은 권한의 일부를 환경부장관의 승인을 얻어 시장 · 군수 · 구청장에게 재위임할 수 있다. 〈개정 2009. 4. 1., 2013. 3. 23., 2020. 12. 31.〉

③이 법에 따른 환경부장관의 업무 중 다음 각 호의 업무는 대통령령으로 정하는 바에 따라 하천과 관련된 기관 또는 단체에 위탁할 수 있다. 〈개정 2009. 4. 1., 2012. 1. 17., 2013. 3. 23., 2017. 1. 17., 2018. 8. 14., 2020. 12. 31., 2023. 8. 16.〉

1. 삭제 〈2017. 1. 17.〉
2. 삭제 〈2017. 1. 17.〉
3. 삭제 〈2017. 1. 17.〉
4. 삭제 〈2017. 1. 17.〉
5. 삭제 〈2017. 1. 17.〉
6. 제22조에 따른 하천관리 자료의 정보화 업무

6의2. 제27조제6항에 따라 환경부장관이 시행하는 국가하천 시설 및 구간의 유지·보수 업무

7. 삭제 〈2017. 1. 17.〉

8. 제21조의2에 따른 하상변동조사를 위한 종사자의 교육·훈련 업무

④ 삭제 〈2016. 1. 19.〉

제92조의2(벌칙 적용에서 공무원 의제) 제82조제1항 또는 제92조제3항에 따라 위탁업무를 수행하는 기관 또는 단체의 임직원은 「형법」 제129조부터 제132조까지의 규정을 적용할 때에는 공무원으로 본다.

[본조신설 2016. 1. 19.]

제11장 벌칙

제93조(벌칙) 정당한 사유 없이 하천시설을 이전 또는 손괴하여 공공의 피해를 발생시키거나 치수에 장해를 일으킨 자는 10년 이하의 징역 또는 1억원 이하의 벌금에 처한다. 〈개정 2015. 1. 6.〉

제94조(벌칙) 다음 각 호의 어느 하나에 해당하는 자는 5년 이하의 징역 또는 5천만원 이하의 벌금에 처한다. 〈개정 2009. 4. 1., 2013. 3. 23., 2015. 1. 6., 2018. 6. 8.〉

1. 제14조제5항에 따른 환경부장관의 조치명령을 이행하지 아니한 자

2. 제33조제1항제5호를 위반하여 토석·모래·자갈을 채취하게 하거나 채취한 자

3. 제39조제1항에 따른 시설을 설치하지 아니한 자

제95조(벌칙) 다음 각 호의 어느 하나에 해당하는 자는 2년 이하의 징역 또는 2천만원 이하의 벌금에 처한다. 〈개정 2015. 1. 6., 2020. 6. 9.〉

1. 제14조제2항에 따른 관리규정의 승인을 얻지 아니하고 하천시설의 운영을 개시한 자

2. 삭제 〈2017. 1. 17.〉

3. 제30조제1항 본문을 위반하여 허가를 받지 아니하고 하천공사를 하거나 하천의 유지·보수를 한 자

4. 거짓이나 그 밖의 부정한 방법으로 제30조제1항 본문, 제33조제1항 또는 제50조제1항에 따른 허가를 받은 자

5. 제33조제1항(제5호는 제외한다)을 위반하여 허가를 받지 아니하고 하천을 점용한 자

6. 제39조제2항에 따른 관리기술자를 두지 아니한 자

7. 삭제 〈2017. 1. 17.〉

8. 제46조(제6호 및 제7호는 제외한다)를 위반하여 하천에 관한 금지행위를 한 자

9. 제50조제1항을 위반하여 허가를 받지 아니하고 하천수를 사용한 자

10. 제69조 또는 제70조에 따른 하천관리청의 명령을 위반한 자

제96조(벌칙) 다음 각 호의 어느 하나에 해당하는 자는 1년 이하의 징역 또는 1천만원 이하의 벌금에 처한다. 〈개정 2009. 4. 1., 2013. 3. 23., 2015. 1. 6., 2018. 2. 21., 2018. 6. 8.〉

1. 하천점용허가를 받아 점용하고 있는 토지 또는 시설을 제33조제5항에 따른 하천관리청의 승인을 받지 아니하고 다른 사람에게 임대하거나 전대한 자

2. 제38조제1항 본문에 따른 허가를 받지 아니하고 같은 항 각 호의 어느 하나를 행한 자

3. 거짓이나 그 밖의 부정한 방법으로 제38조제1항 또는 제75조제3항 단서에 따른 허가를 받은 자

4. 제41조제2항에 따른 환경부장관 또는 하천관리청의 명령을 위반한 자

5. 제47조제1항에 따른 하천의 사용금지 또는 사용제한을 위반하여 하천을 사용한 자

6. 제72조제2항에 따른 하천관리원의 명령을 위반한 자

7. 삭제 〈2009. 4. 1.〉

8. 관할 시장·군수 또는 구청장의 허가를 받지 아니하고 제75조제3항 본문에 따른 행위를 한 자

제97조(양벌규정) 법인의 대표자나 법인 또는 개인의 대리인·사용인 그 밖의 종업원이 그 법인 또는 개인의 업무에 관하여 제93조부터 제96조까지의 위반행위를 한 때에는 행위자를 벌하는 외에 그 법인 또는 개인에 대하여도 각 해당 조의 벌금형을 과(科)한다. 다만, 법인 또는 개인이 그 위반행위를 방지하기 위하여 그 업무에 관하여 상당한 주의와 감독을 게을리하지 아니한 때에는 그러하지 아니하다.

제98조(과태료) ① 제75조제2항을 위반하여 통지를 하지 아니하고 타인의 토지에 출입한 자에게는 500만원 이하의 과태료를 부과한다.

② 제46조제6호 및 제7호를 위반하여 하천에 관한 금지행위를 한 자에게는 300만원 이하의 과태료를 부과한다.

③ 다음 각 호의 어느 하나에 해당하는 자에게는 100만원 이하의 과태료를 부과한다.

1. 제5조제2항을 위반하여 신고를 하지 아니한 자

2. 삭제 〈2017. 1. 17.〉

3. 제39조제3항을 위반하여 댐등의 관리 및 수문에 관한 기록을 작성·비치하지 아니하거나 그 기록의 제출을 거부한 자 또는 거짓 기록을 제출한 자

4. 삭제 〈2017. 1. 17.〉

5. 제52조제1항을 위반하여 하천수의 사용량을 기록·보관하지 아니하거나, 같은 조 제2항에 따른 방류수량에 관한 자료의 제출을 거부하거나 거짓 자료를 제공하거나, 같은 조 제3항을 위반하여 하천수의 사용계획 또는 사용실적을 통보하지 아니하거나 거짓 자료를 통보한 자

6. 정당한 사유 없이 제75조제1항에 따른 토지의 출입·일시사용 또는 죽목·토석, 그 밖의 장애물의 변경이나 제거를 거부하거나 방

해한 자

7. 제90조제1항에 따른 보고를 하지 아니하거나 거짓 보고를 한 자 또는 검사를 방해 또는 기피한 자

④ 제1항부터 제3항까지의 규정에 따른 과태료는 대통령령으로 정하는 바에 따라 환경부장관 또는 하천관리청(제2항 중 제46조제6호에 따른 금지행위 위반에 관한 과태료를 부과ㆍ징수하는 경우에는 시ㆍ도지사를 말한다)이 부과ㆍ징수한다. 〈개정 2013. 3. 23., 2016. 1. 19., 2018. 6. 8., 2020. 12. 31.〉

[전문개정 2009. 4. 1.]

부칙 〈제8338호, 2007. 4. 6.〉

제1조 (시행일) 이 법은 공포 후 1년이 경과한 날부터 시행한다.

제2조 (하천의 귀속 및 보상에 관한 경과조치) ①이 법 시행 당시 종전의 규정에 따라 국유로 된 국가하천 및 지방1급하천의 귀속 및 보상에 관하여는 종전의 규정에 따른다.

②제1항에도 불구하고 이 법 시행 당시 법률 제892호 하천법 제4조, 법률 제2292호 하천법개정법률 제3조 및 법률 제5893호 하천법개정법률 제3조의 규정에 따라 하천구역에 편입되었으나 보상이 되지 않은 토지로서 하천구역에서 제외된 등기부상 사유 토지는 이를 국유로 보지 아니한다.

제3조 (국가하천 및 지방하천의 지정 등에 관한 경과조치) 이 법 시행 당시 국가하천은 이 법에 따른 국가하천으로, 이 법 시행 당시 지방1급하천ㆍ지방2급하천은 이 법에 따른 지방하천으로, 이 법 시행 당시 하천구역은 이 법에 따른 하천구역으로 본다.

제4조 (하천시설에 관한 경과조치) 이 법 시행 당시 종전의 규정에 따른 하천부속물은 제2조제3호의 개정규정에 따른 하천시설로 본다.

제5조 (하천예정지에 관한 경과조치) 이 법 시행 당시 지정된 하천예정지는 제11조의 개정규정에 따른 하천예정지로 본다.

제6조 (홍수관리구역의 지정에 관한 경과조치) 이 법 시행 당시 종

전의 규정에 따라 지정된 연안구역은 제12조의 개정규정에 따른 홍수관리구역으로 본다.
제7조 (하천부속물의 관리규정에 관한 경과조치) 이 법 시행 당시 종전의 규정에 따른 하천부속물의 관리규정은 제14조의 개정규정에 따른 하천시설의 관리규정으로 본다.
제8조 (수자원장기종합계획 등의 수립에 관한 경과조치) 이 법 시행 당시 종전의 규정에 따른 수자원장기종합계획, 하천유역종합치수계획, 하천정비기본계획, 하천부속물의 비상대처계획 및 하천정비시행계획은 각각 제23조의 개정규정에 따른 수자원장기종합계획, 제24조의 개정규정에 따른 유역종합치수계획, 제25조의 개정규정에 따른 하천기본계획, 제26조의 개정규정에 따른 하천시설의 비상대처계획 및 제27조의 개정규정에 따른 하천공사시행계획으로 본다.
제9조 (하천수 사용허가에 관한 경과조치) 이 법 시행 당시 종전의 규정에 따른 하천점용허가(유수사용 목적의 점용허가에 한한다)는 제50조의 개정규정에 따른 하천수 사용허가로 본다.
제10조 (하천수 분쟁조정에 관한 경과조치) 이 법 시행 당시 종전의 제41조에 따라 지방하천관리위원회에 신청된 유수 사용에 관한 분쟁조정에 관하여는 지방하천관리위원회가 종전의 규정에 따라 조정한다.
제11조 (하천관리원에 관한 경과조치) 이 법 시행 당시 종전의 규정에 따라 임명된 하천감시원은 제72조의 개정규정에 따른 하천관리원으로 본다.
제12조 (하천표지에 관한 경과조치) 이 법 시행 당시 이미 설치되어 있는 하천표지는 제83조의 개정규정에 따른 하천표지로 본다.
제13조 (폐천부지등의 관리에 관한 경과조치) ①제84조제1항에도 불구하고 이 법 시행 전에 발생한 폐천부지등에 대해서는 이 법 시행일부터 3년 이내에 이를 고시하여야 한다.
제14조 (하천관리위원회의 구성에 관한 경과조치) ①국토해양부장관 및 시·도지사는 이 법 시행 후 제87조의 개정규정에 따라 하천관

리위원회를 새로이 구성하여야 한다. 〈개정 2009. 4. 1.〉

②제1항에 따라 하천관리위원회가 새로이 구성될 때까지는 종전의 규정에 따른 하천관리위원회가 그 기능을 수행한다.

제15조 (벌칙 및 과태료에 관한 경과조치) 이 법 시행 전의 행위에 대한 벌칙 및 과태료의 적용에 있어서는 종전의 규정에 따른다.

제16조 (다른 법률의 개정) ①개발제한구역의 지정 및 관리에 관한 특별조치법 일부를 다음과 같이 개정한다.

제13조제1항제4호를 다음과 같이 한다.

4. 「하천법」 제33조에 따른 하천의 점용허가 및 같은 법 제50조에 따른 하천수의 사용허가

②골재채취법 일부를 다음과 같이 개정한다.

제21조의2제1항 전단중 "하천법에 의한 하천구역 · 연안구역"을 "「하천법」에 따른 하천구역 · 홍수관리구역"으로 한다.

제23조제1항제4호를 다음과 같이 한다.

4. 「하천법」 제33조에 따른 하천의 점용허가 및 같은 법 제50조에 따른 하천수의 사용허가

제34조의4중 "하천법 제38조제1항 및 제39조"를 "「하천법」 제37조"로 한다.

③광업법 일부를 다음과 같이 개정한다.

제43조제1항제11호를 다음과 같이 한다.

11. 「하천법」 제33조에 따른 하천의 점용허가 및 같은 법 제50조에 따른 하천수의 사용허가

④국민임대주택건설 등에 관한 특별조치법 일부를 다음과 같이 개정한다.

제12조제1항제24호를 다음과 같이 한다.

24. 「하천법」 제6조에 따른 하천관리청과의 협의 또는 승인, 같은 법 제30조에 따른 하천공사 시행의 허가 및 하천공사실시계획의 인가, 같은 법 제33조에 따른 하천의 점용허가 및 같은 법 제50조에 따른 하천수의 사용허가

제23조제4항제24호를 다음과 같이 한다.

24. 「하천법」 제30조에 따른 하천공사 시행의 허가, 같은 법 제33조에 따른 하천의 점용허가 및 같은 법 제50조에 따른 하천수의 사용허가

⑤내수면어업법 일부를 다음과 같이 개정한다.

제19조의2제3항 각 호 외의 부분 단서중 "「하천법」 제22조"를 "「하천법」 제39조"로 한다.

제20조제1호 및 제2호를 각각 다음과 같이 한다.

1. 「하천법」 제6조에 따른 하천관리청과의 협의 또는 승인

2. 「하천법」 제33조에 따른 하천의 점용허가 및 같은 법 제50조에 따른 하천수의 사용허가

⑥농어촌도로정비법 일부를 다음과 같이 개정한다.

제12조제1항제1호를 다음과 같이 한다.

1. 「하천법」 제30조에 따른 하천공사 시행의 허가, 같은 법 제33조에 따른 하천의 점용허가 및 같은 법 제50조에 따른 하천수의 사용허가

⑦농어촌정비법 일부를 다음과 같이 개정한다.

제92조제1항제14호를 다음과 같이 한다.

14. 「하천법」 제6조에 따른 하천관리청과의 협의 또는 승인, 같은 법 제30조에 따른 하천공사 시행의 허가, 같은 법 제33조에 따른 하천의 점용허가, 같은 법 제38조에 따른 홍수관리구역 안에서의 행위허가, 같은 법 제50조에 따른 하천수의 사용허가 및 같은 법 제85조에 따른 폐천부지등의 양여

제93조제2호를 다음과 같이 한다.

2. 「하천법」 제37조 및 제50조에 따른 점용료등의 징수

⑧농어촌주택개량촉진법 일부를 다음과 같이 개정한다.

제6조제1항제2호를 다음과 같이 한다.

2. 「하천법」 제30조에 따른 하천공사 시행의 허가, 같은 법 제33조에 따른 하천의 점용허가 및 같은 법 제50조에 따른 하천수의

사용허가

⑨댐건설및주변지역지원등에관한법률 일부를 다음과 같이 개정한다.

제4조제3항 전단중 "하천법 제60조"를 "「하천법」 제87조"로 한다.

제9조제1항제6호를 다음과 같이 한다.

6. 「하천법」 제6조에 따른 하천관리청의 허가사항에 관한 협의 또는 승인, 같은 법 제30조에 따른 하천공사 시행의 허가, 같은 법 제33조에 따른 하천의 점용허가 및 같은 법 제50조에 따른 하천수의 사용허가

제12조제1항제2호·제3호 및 제3항을 각각 다음과 같이 한다.

2. 댐 건설지역 중 「하천법」 제2조제2호에 따른 하천구역

3. 해당 댐이 「하천법」 제2조제3호에 따른 하천시설이라는 뜻

③제1항 또는 제2항에 따른 고시가 있은 때에는 「하천법」 제2조제3호 각 목 외의 부분 단서에 따른 동의를 얻은 것으로 보며, 「하천법」 제10조제3항에 따른 하천구역의 결정·고시가 있은 것으로 본다.

제26조중 "하천법 제33조의 규정에 의한 하천의 점용허가"를 "「하천법」 제33조에 따른 하천의 점용허가 및 같은 법 제50조에 따른 하천수의 사용허가"로 한다.

제31조제1항 및 제2항중 "하천법 제33조의 규정에 의한 하천점용허가"를 각각 "「하천법」 제33조에 따른 하천의 점용허가 및 같은 법 제50조에 따른 하천수의 사용허가"로, "유수점용"을 각각 "하천수 사용"으로 하고, 동조제3항중 "하천점용허가"를 각각 "하천수의 사용허가"로 한다.

제35조제1항 단서중 "하천법 제33조의 규정에 의한 하천의 점용허가"를 "「하천법」 제50조에 따른 하천수의 사용허가"로 한다.

제45조제1항제1호 및 제2호를 각각 다음과 같이 하고, 동항 제2호의2중 "하천법 제71조제4호"를 "「하천법」 제46조제6호"로 한다.

1. 「하천법」 제30조에 따른 하천공사 시행의 허가, 같은 법 제33조에 따른 하천의 점용허가 및 같은 법 제50조에 따른 하천수의

사용허가

2. 제1호의 허가를 받은 자에 대한 「하천법」 제5조에 따른 권리 · 의무승계의 신고의 수리

제45조제1항제4호가목을 다음과 같이 하고, 동조제4항중 "하천법 제38조의 규정"을 "「하천법」 제37조제1항 내지 제4항의 규정"으로 한다.

가. 「하천법」 제69조 또는 제70조에 따른 허가의 취소, 공사의 중지 등의 처분

제46조의 제목 및 본문중 "하천법"을 각각 "「하천법」"으로 한다.

⑩도시 및 주거환경정비법 일부를 다음과 같이 개정한다.

제32조제1항제7호를 다음과 같이 한다.

7. 「하천법」 제30조에 따른 하천공사 시행의 허가 및 하천공사 실시계획의 인가, 같은 법 제33조에 따른 하천의 점용허가 및 같은 법 제50조에 따른 하천수의 사용허가

⑪도시개발법 일부를 다음과 같이 개정한다.

제19조제1항제5호를 다음과 같이 한다.

5. 「하천법」 제30조에 따른 하천공사 시행의 허가, 같은 법 제33조에 따른 하천의 점용허가 및 같은 법 제50조에 따른 하천수의 사용허가

⑫도시철도법 일부를 다음과 같이 개정한다.

제23조제1항제4호를 다음과 같이 한다.

4. 「하천법」 제30조에 따른 하천공사 시행의 허가, 같은 법 제33조에 따른 하천의 점용허가 및 같은 법 제50조에 따른 하천수의 사용허가

⑬사회기반시설에대한민간투자법 일부를 다음과 같이 개정한다.

제2조제1호자목을 다음과 같이 한다.

자. 「하천법」 제2조제3호에 따른 하천시설

⑭산업입지 및 개발에 관한 법률 일부를 다음과 같이 개정한다.

제21조제1항제6호를 다음과 같이 한다.

6. 「하천법」 제30조에 따른 하천공사 시행의 허가, 같은 법 제33조에 따른 하천의 점용허가 및 같은 법 제50조에 따른 하천수의 사용허가

⑮소음 · 진동규제법 일부를 다음과 같이 개정한다.

제5조제1항제1호를 다음과 같이 한다.

1. 「하천법」 제30조에 따른 하천공사 시행의 허가, 같은 법 제33조에 따른 하천의 점용허가 및 같은 법 제50조에 따른 하천수의 사용허가

⑯수도법 일부를 다음과 같이 개정한다.

제46조제1항제4호를 다음과 같이 한다.

4. 「하천법」 제30조에 따른 하천공사 시행의 허가 및 같은 법 제33조제1항제1호 내지 제4호에 따른 하천의 점용등의 허가

⑰수질환경보전법 일부를 다음과 같이 개정한다.

제11조제1항제1호를 다음과 같이 한다.

1. 「하천법」 제30조에 따른 하천공사 시행의 허가, 같은 법 제33조에 따른 하천의 점용허가 및 같은 법 제50조에 따른 하천수의 사용허가

제20조제1항 전단중 "하천"을 "하천(「하천법」 제7조제2항 및 제3항에 따른 국가하천 및 지방하천을 제외한다)"으로 한다.

⑱신항만건설촉진법 일부를 다음과 같이 개정한다.

제9조제2항제7호를 다음과 같이 한다.

7. 「하천법」 제6조에 따른 하천관리청과의 협의 또는 승인(같은 법 제30조에 따른 하천공사의 시행허가, 같은 법 제33조에 따른 하천의 점용허가 및 같은 동법 제50조에 따른 하천수의 사용허가에 관한 것에 한한다)

⑲어촌 · 어항법 일부를 다음과 같이 개정한다.

제8조제6호를 다음과 같이 한다.

6. 「하천법」 제30조의 규정에 따른 하천공사 시행의 허가, 같은 법 제33조에 따른 하천의 점용허가 및 같은 법 제50조에 따른

하천수의 사용허가

제10조제4항제2호를 다음과 같이 한다.

2. 「하천법」 제30조제7항의 규정에 따른 준공인가

⑳외국인투자촉진법 일부를 다음과 같이 개정한다.

별표 1 제1호사목을 다음과 같이 한다.

사. 「하천법」 제30조에 따른 하천공사 시행의 허가, 같은 법 제33조제1항 각 호에 따른 하천의 점용허가 및 같은 법 제50조에 따른 하천수의 사용허가

별표 1 제2호서목을 다음과 같이 한다.

서. 「하천법」 제33조에 따른 하천의 점용허가 및 같은 법 제50조에 따른 하천수의 사용허가

별표 1 제3호러목을 다음과 같이 한다.

러. 「하천법」 제33조에 따른 하천의 점용허가 및 같은 법 제50조에 따른 하천수의 사용허가

별표 1 제6호바목을 다음과 같이 한다.

바. 「하천법」 제30조에 따른 하천공사 시행의 허가, 같은 법 제33조에 따른 하천의 점용허가 및 같은 법 제50조에 따른 하천수의 사용허가

별표 1 제9호마목을 다음과 같이 한다.

마. 「하천법」 제33조에 따른 하천의 점용허가 및 같은 법 제50조에 따른 하천수의 사용허가

별표 1 제10호자목을 다음과 같이 한다.

자. 「하천법」 제30조에 따른 하천공사 시행의 허가, 같은 법 제33조에 따른 하천의 점용허가 및 같은 법 제50조에 따른 하천수의 사용허가

㉑유통단지개발촉진법 일부를 다음과 같이 개정한다.

제13조제1항제9호를 다음과 같이 한다.

9. 「하천법」 제30조에 따른 하천공사 시행의 허가, 같은 법 제33조에 따른 하천의 점용허가 및 같은 법 제50조에 따른 하천수의

사용허가

㉒자연공원법 일부를 다음과 같이 개정한다.

제21조제2호를 다음과 같이 한다.

2. 「하천법」 제30조에 따른 하천공사 시행의 허가, 같은 법 제33조에 따른 하천의 점용허가 및 같은 법 제50조에 따른 하천수의 사용허가

제71조제2항 본문중 "하천법"을 "「하천법」"으로 한다.

㉓자전거 이용 활성화에 관한 법률 일부를 다음과 같이 개정한다.

제14조제1항제1호를 다음과 같이 한다.

1. 「하천법」 제30조에 따른 하천공사의 시행허가, 같은 법 제33조에 따른 하천의 점용허가 및 같은 법 제50조에 따른 하천수의 사용허가

㉔전원개발촉진법 일부를 다음과 같이 개정한다.

제6조제1항제4호를 다음과 같이 한다.

4. 「하천법」 제30조에 따른 하천공사 시행의 허가, 같은 법 제33조에 따른 하천의 점용허가 및 같은 법 제50조에 따른 하천수의 사용허가

㉕제주특별자치도 설치 및 국제자유도시 조성을 위한 특별법 일부를 다음과 같이 개정한다.

제142조제2호를 다음과 같이 한다.

2. 「하천법」 중 국가하천에 관한 다음 각 목의 권한

가. 「하천법」 제5조제2항, 제6조제1항(사업시행자가 중앙행정기관의 장인 경우를 제외한다), 제6조제2항(사업시행자가 중앙행정기관의 장인 경우를 제외한다), 제10조, 제11조제1항ㆍ제4항, 제12조, 제14조, 제15조, 제24조제1항ㆍ제2항ㆍ제5항, 제27조제1항 내지 제3항ㆍ제5항 본문ㆍ제6항ㆍ제7항, 제28조, 제30조, 제32조제6항, 제33조제1항제2호(다목적댐을 제외한다)ㆍ제3호(다목적댐 및 하구둑을 제외한다)ㆍ제4호, 제36조, 제47조, 제48조, 제61조제1항ㆍ제2항, 제68조 내지 제70조, 제74조, 제75조, 제78조, 제84조,

제85조, 제89조 내지 제91조 및 제98조제2항제6호 · 제7호

나. 「하천법」 제25조의 규정에 따른 하천기본계획의 수립 · 변경 및 이의 고시

제230조제1항제7호를 다음과 같이 한다.

7. 「하천법」 제6조에 따른 하천관리청과의 협의 또는 승인, 같은 법 제30조에 따른 하천공사 시행의 허가, 같은 법 제33조에 따른 하천의 점용허가 및 같은 법 제50조에 따른 하천수의 사용허가

㉖주택법 일부를 다음과 같이 개정한다.

제17조제1항제24호를 다음과 같이 한다.

24. 「하천법」 제30조에 따른 하천공사 시행의 허가 및 하천공사실시계획의 인가, 같은 법 제33조에 따른 하천의 점용허가 및 같은 법 제50조에 따른 하천수의 사용허가

㉗중소기업진흥 및 제품구매촉진에 관한 법률 일부를 다음과 같이 개정한다.

제81조제1항제6호를 다음과 같이 한다.

6. 「하천법」 제30조에 따른 하천공사 시행의 허가, 같은 법 제33조에 따른 하천의 점용허가 및 같은 법 제50조에 따른 하천수의 사용허가

㉘중소기업창업 지원법 일부를 다음과 같이 개정한다.

제35조제1항제5호를 다음과 같이 한다.

5. 「하천법」 제30조에 따른 하천공사 시행의 허가, 같은 법 제33조에 따른 하천의 점용허가 및 같은 법 제50조에 따른 하천수의 사용허가

㉙지방자치법 일부를 다음과 같이 개정한다.

제9조제2항제4호아목중 "지방1급하천, 지방2급하천"을 "지방하천"으로 한다.

㉚지역균형개발 및 지방중소기업 육성에 관한 법률 일부를 다음과 같이 개정한다.

제18조제1항제12호를 다음과 같이 한다.

12. 「하천법」 제30조에 따른 하천공사 시행의 허가, 같은 법 제33조에 따른 하천의 점용허가 및 같은 법 제50조에 따른 하천수의 사용허가

㉛지역특화발전특구에 대한 규제특례법 일부를 다음과 같이 개정한다.

제40조제1항제6호를 다음과 같이 한다.

6. 「하천법」 제33조에 따른 하천의 점용허가 및 같은 법 제50조에 따른 하천수의 사용허가

㉜철도건설법 일부를 다음과 같이 개정한다.

제11조제1항제5호를 다음과 같이 한다.

5. 「하천법」 제6조에 따른 하천관리청의 협의 또는 승인(같은 법 제30조에 따른 하천공사 시행의 허가, 같은 법 제33조에 따른 하천의 점용허가 및 같은 법 제50조에 따른 하천수의 사용허가에 관한 것에 한한다), 같은 법 제33조에 따른 하천의 점용허가, 같은 법 제50조에 따른 하천수의 사용허가 및 「소하천정비법」 제14조에 따른 소하천 점용의 허가

㉝청소년활동진흥법 일부를 다음과 같이 개정한다.

제52조제1항제6호를 다음과 같이 한다.

6. 「하천법」 제30조에 따른 하천공사 시행 또는 유지ㆍ보수의 허가, 같은 법 제33조에 따른 하천의 점용허가 및 같은 법 제50조에 따른 하천수의 사용허가

㉞체육시설의 설치ㆍ이용에 관한 법률 일부를 다음과 같이 개정한다.

제28조제1항제5호를 다음과 같이 한다.

5. 「하천법」 제33조에 따른 하천의 점용허가 및 같은 법 제50조에 따른 하천수의 사용허가

㉟초지법 일부를 다음과 같이 개정한다.

제20조제2호를 다음과 같이 한다.

2. 「하천법」 제33조에 따른 하천의 점용허가, 같은 법 제38조

에 따른 홍수관리구역 안에서의 행위허가 및 같은 법 제50조에 따른 하천수의 사용허가

㊱택지개발촉진법 일부를 다음과 같이 개정한다.

제11조제1항제8호를 다음과 같이 한다.

8. 「하천법」 제30조에 따른 하천공사 시행의 허가, 같은 법 제33조에 따른 하천의 점용허가 및 같은 법 제50조에 따른 하천수의 사용허가

㊲폐기물처리시설설치촉진및주변지역지원등에관한법률 일부를 다음과 같이 개정한다.

제12조제1항제8호를 다음과 같이 한다.

8. 「하천법」 제30조에 따른 하천공사 시행의 허가, 같은 법 제33조에 따른 하천의 점용허가 및 같은 법 제50조에 따른 하천수의 사용허가

㊳토지이용규제 기본법 일부를 다음과 같이 개정한다.

별표중 제182호 내지 제184호를 각각 다음과 같이 한다.

182	「하천법」제10조	하천구역
183	「하천법」제11조	하천예정지
184	「하천법」제12조	홍수관리구역

㊴하수도법 일부를 다음과 같이 개정한다.

제17조제1항제15호를 다음과 같이 한다.

4. 「하천법」 제30조에 따른 하천공사 시행의 허가 및 같은 법 제33조제1항제1호 내지 제4호에 따른 하천의 점용 등의 허가

㊵학교시설사업촉진법 일부를 다음과 같이 개정한다.

제5조제12호를 다음과 같이 한다.

12. 「하천법」 제33조에 따른 하천의 점용허가 및 같은 법 제50조에 따른 하천수의 사용허가

㊶한국가스공사법 일부를 다음과 같이 개정한다.

제16조의3제5호를 다음과 같이 한다.

5. 「하천법」 제30조에 따른 하천공사 시행의 허가 및 하천공사

실시계획의 인가, 같은 법 제33조에 따른 하천의 점용허가 및 같은 법 제50조에 따른 하천수의 사용허가

㊷한국수자원공사법 일부를 다음과 같이 개정한다.

제18조제1항제6호를 다음과 같이 한다.

6. 「하천법」 제30조에 따른 하천공사 시행의 허가, 같은 조 제5항에 따른 하천공사실시계획의 인가, 같은 법 제33조에 따른 하천의 점용허가 및 같은 법 제50조에 따른 하천수의 사용허가

제26조를 다음과 같이 한다.

제26조 (「하천법」의 준용) ①공사는 제10조에 따른 실시계획의 승인을 얻은 범위 안에서 「하천법」 제8조 및 같은 법 제27조제5항에도 불구하고 하천관리와 하천공사를 할 수 있다.

②공사는 제1항에 따라 하천관리와 하천공사를 할 때에는 「하천법」 제27조제6항, 같은 법 제75조에 따른 하천관리청의 권한을 행한다.

㊸한국토지공사법 일부를 다음과 같이 개정한다.

제19조제1항제6호를 다음과 같이 한다.

6. 「하천법」 제30조에 따른 하천공사 시행의 허가, 같은 법 제33조에 따른 하천의 점용허가 및 같은 법 제50조에 따른 하천수의 사용허가

㊹항공법 일부를 다음과 같이 개정한다.

제96조제1항제5호를 다음과 같이 한다.

5. 「하천법」 제6조에 따른 하천관리청과의 협의 또는 승인(같은 법 제30조에 따른 하천공사 시행의 허가, 같은 법 제33조에 따른 하천의 점용허가 및 같은 법 제50조에 따른 하천수의 사용허가에 관한 것에 한한다)

제96조제2항제4호를 다음과 같이 한다.

4. 「하천법」 제33조제6항에 따른 점용허가의 고시

㊺항만법 일부를 다음과 같이 개정한다.

제12조제1항제6호를 다음과 같이 한다.

6. 「하천법」 제30조에 따른 하천공사 시행허가, 같은 법 제33조에 따른 하천의 점용허가 및 같은 법 제50조에 따른 하천수의 사용허가

㊻화물유통촉진법 일부를 다음과 같이 개정한다.

제37조제1항제7호를 다음과 같이 한다.

7. 「하천법」 제30조에 따른 하천공사 시행의 허가, 같은 법 제33조에 따른 하천의 점용허가 및 같은 법 제50조에 따른 하천수의 사용허가

㊼환경관리공단법 일부를 다음과 같이 개정한다.

제16조의3제7호를 다음과 같이 한다.

7. 「하천법」 제30조에 따른 하천공사 시행의 허가 및 하천공사 실시계획의 인가, 같은 법 제33조에 따른 하천의 점용허가 및 같은 법 제50조에 따른 하천수의 사용허가

㊽환경범죄의단속에관한특별조치법 일부를 다음과 같이 개정한다.

제13조제2항제3호중 "하천법 제2조제1호 및 제10조의 규정에 의한 하천"을 "「하천법」 제2조제1호에 따른 하천"으로 한다.

제17조 (다른 법령과의 관계) 이 법 시행 당시 다른 법령에서 종전의 「하천법」 또는 「하천법」의 규정을 인용하고 있는 경우 이 법 중 그에 해당하는 규정이 있는 때에는 종전의 규정을 갈음하여 이 법 또는 이 법의 해당 규정을 인용한 것으로 본다.

부칙 〈제8733호, 2007. 12. 21.〉 (군사기지 및 군사시설 보호법)

제1조 (시행일) 이 법은 공포 후 9개월이 경과한 날부터 시행한다. 〈단서 생략〉

제2조 부터 제9조까지 생략

제10조 (다른 법률의 개정) ① 부터 ㉖ 까지 생략

㉗ 하천법 일부를 다음과 같이 개정한다.

제32조제1항제6호를 다음과 같이 한다.

6. 「군사기지 및 군사시설 보호법」 제9조제1항제1호에 따른 통제보호구역 등에의 출입허가 및 같은 법 제13조에 따른 행정기관의 허가등에 관한 협의

㉘ 부터 ㉚ 까지 생략

제11조 생략

부칙 〈제8820호, 2007. 12. 27.〉 (공유수면매립법)

제1조 (시행일) 이 법은 공포 후 6개월이 경과한 날부터 시행한다. 〈단서 생략〉

제2조 부터 제7조까지 생략

제8조 (다른 법률의 개정) ① 부터 ㉝ 까지 생략

㉞ 하천법 일부를 다음과 같이 개정한다.

제32조제1항제4호 중 "실시계획의 인가"를 "실시계획의 승인"으로 한다.

㉟ 부터 ㊴ 까지 생략

제9조 생략

부칙 〈제8974호, 2008. 3. 21.〉 (건축법)

제1조(시행일) 이 법은 공포한 날부터 시행한다. 다만, 부칙 제13조제62항의 개정규정은 2008년 4월 7일부터 시행하고, ···〈생략〉···시행한다.

제2조 부터 제12조까지 생략

제13조(다른 법률의 개정) ① 부터 〈61〉 까지 생략

〈62〉 법률 제8338호 하천법 전부개정법률 일부를 다음과 같이 개정한다.

제32조제1항제1호 중 "제8조"를 "제11조"로, "제9조"를 "제14조"로, "제15조제1항"을 "제20조제1항"으로, "제25조"를 "제29조"로 한다.

〈63〉 부터 〈70〉 까지 생략

제14조 생략

부칙 〈제8976호, 2008. 3. 21.〉 (도로법)

제1조(시행일) 이 법은 공포한 날부터 시행한다. 〈단서 생략〉

제2조 부터 제8조까지 생략

제9조(다른 법률의 개정) ① 부터 〈81〉 까지 생략

〈82〉 법률 제8338호 하천법 전부개정법률 일부를 다음과 같이 개정한다.

제32조제1항제9호 중 “제8조”를 “제5조”로, “제25조”를 “제24조”로, “제40조”를 “제38조”로 한다.

〈83〉 부터 〈99〉 까지 생략

제10조 생략

부칙 〈제9313호, 2008. 12. 31.〉 (자연공원법)

제1조(시행일) 이 법은 공포한 날부터 시행한다.

제2조 생략

제3조(다른 법률의 개정) ① 부터 ㉓ 까지 생략

㉔ 하천법 일부를 다음과 같이 개정한다.

제32조제1항제17호를 다음과 같이 한다.

17. 「자연공원법」 제23조제1항에 따른 공원구역에서의 행위허가

㉕ 부터 ㉙ 까지 생략

부칙 〈제9605호, 2009. 4. 1.〉

①(시행일) 이 법은 공포한 날부터 시행한다.

②(경과조치) 이 법 시행 전의 행위에 대하여 벌칙을 적용할 때에는 종전의 규정에 따른다.

부칙 〈제9758호, 2009. 6. 9.〉 (농어촌정비법)

제1조(시행일) 이 법은 공포 후 6개월이 경과한 날부터 시행한다. 〈단서 생략〉
제2조 부터 제21조까지 생략
제22조(다른 법률의 개정) ① 부터 ㊽ 까지 생략
㊾ 하천법 일부를 다음과 같이 개정한다.
제32조제1항제7호 중 "「농어촌정비법」 제97조"를 "「농어촌정비법」 제111조"로 한다.
㊿ 부터 〈53〉 까지 생략
제23조 생략

부칙 〈제9763호, 2009. 6. 9.〉 (산림보호법)
제1조(시행일) 이 법은 공포 후 9개월이 경과한 날부터 시행한다. 〈단서 생략〉
제2조 부터 제6조까지 생략
제7조(다른 법률의 개정) ① 부터 〈54〉 까지 생략
〈55〉 하천법 일부를 다음과 같이 개정한다.
제32조제1항제14호를 다음과 같이 한다.
14. 「산림자원의 조성 및 관리에 관한 법률」 제36조제1항ㆍ제4항에 따른 입목벌채등의 허가ㆍ신고 및 「산림보호법」 제9조제1항 및 제2항제1호ㆍ제2호에 따른 산림보호구역(산림유전자원보호구역은 제외한다)에서의 행위의 허가ㆍ신고와 같은 법 제11조제1항제1호에 따른 산림보호구역의 지정해제
〈56〉 부터 〈61〉 까지 생략
제8조 생략

부칙 〈제10272호, 2010. 4. 15.〉 (공유수면 관리 및 매립에 관한 법률)
제1조(시행일) 이 법은 공포 후 6개월이 경과한 날부터 시행한다.
제2조 부터 제12조까지 생략

제13조(다른 법률의 개정) ① 부터 〈64〉 까지 생략

〈65〉 하천법 일부를 다음과 같이 개정한다.

제32조제1항제3호를 다음과 같이 하고, 같은 항 제4호를 삭제한다.

3. 「공유수면 관리 및 매립에 관한 법률」 제8조에 따른 공유수면의 점용·사용허가, 같은 법 제10조에 따른 협의 또는 승인, 같은 법 제17조에 따른 점용·사용 실시계획의 승인, 같은 법 제28조에 따른 공유수면의 매립면허, 같은 법 제35조에 따른 국가 등이 시행하는 매립의 협의 또는 승인 및 같은 법 제38조에 따른 공유수면매립실시계획의 승인

〈66〉 부터 〈75〉 까지 생략

제14조 생략

부칙 〈제10331호, 2010. 5. 31.〉 (산지관리법)

제1조(시행일) 이 법은 공포 후 6개월이 경과한 날부터 시행한다. 〈단서 생략〉

제2조 부터 제11조까지 생략

제12조(다른 법률의 개정) ① 부터 〈81〉 까지 생략

〈82〉 하천법 일부를 다음과 같이 개정한다.

제32조제1항제15호 중 "산지전용신고"를 "산지전용신고, 같은 법 제15조의2에 따른 산지일시사용허가·신고"로 한다.

〈83〉 부터 〈89〉 까지 생략

제13조 생략

부칙 〈제10599호, 2011. 4. 14.〉 (국토의 계획 및 이용에 관한 법률)

제1조(시행일) 이 법은 공포 후 1년이 경과한 날부터 시행한다. 〈단서 생략〉

제2조 부터 제7조까지 생략

제8조(다른 법률의 개정) ①부터 〈77〉까지 생략

〈78〉 하천법 일부를 다음과 같이 개정한다.

제21조제3항 중 "도시계획"을 "도시 · 군계획"으로 한다.

제32조제1항제5호 중 "도시관리계획"을 "도시 · 군관리계획"으로, "도시계획시설사업"을 "도시 · 군계획시설사업"으로 한다.

제50조제3항제2호 중 "도시관리계획"을 "도시 · 군관리계획"으로 한다.

〈79〉부터 〈83〉까지 생략

제9조 생략

부칙 〈제11194호, 2012. 1. 17.〉

이 법은 공포 후 3개월이 경과한 날부터 시행한다. 다만, 제2조제4호 및 제9조제1항의 개정규정은 2012년 7월 1일부터 시행한다.

부칙 〈제11690호, 2013. 3. 23.〉 (정부조직법)

제1조(시행일) ① 이 법은 공포한 날부터 시행한다.

② 생략

제2조 부터 제5조까지 생략

제6조(다른 법률의 개정) ①부터 〈641〉까지 생략

〈642〉 하천법 일부를 다음과 같이 개정한다.

제2조제4호, 제7조제2항 각 호 외의 부분, 같은 조 제4항 전단, 같은 조 제5항 · 제6항, 제8조제1항, 제9조제2항, 같은 조 제3항 전단, 같은 조 제4항, 제13조제2항, 제14조제4항, 같은 조 제5항 전단, 제15조제2항, 제16조제1항 · 제2항, 제17조제1항, 같은 조 제3항부터 제5항까지, 제18조제1항 전단 및 후단, 제19조제1항 · 제3항, 제20조제1항 · 제2항, 같은 조 제3항 전단, 제21조제1항 · 제2항 · 제4항, 제22조제1항, 같은 조 제2항 전단, 제23조제1항 · 제2항 · 제4항, 제24조제1항 · 제2항 · 제4항 · 제5항, 제25조제2항 전단, 같은 조 제5항 본문, 제27조제1항 본문, 같은 조 제5항 각 호 외의

부분 단서, 같은 조 제10항, 제28조제1항, 같은 조 제2항 전단, 제30조제3항, 제31조제1항, 같은 조 제2항 본문, 같은 조 제3항 · 제5항, 제32조제1항 각 호 외의 부분, 같은 조 제3항, 같은 조 제4항 각 호 외의 부분, 같은 조 제6항, 제41조제1항, 같은 조 제2항 단서, 같은 조 제3항, 제42조제1항, 제43조제2항, 제50조제1항 전단, 같은 조 제2항, 같은 조 제3항 각 호 외의 부분, 제51조제1항 · 제2항, 제52조제2항 · 제3항 · 제5항, 제53조제1항 각 호 외의 부분, 같은 조 제2항부터 제4항까지, 제54조제2항, 제60조제1항, 제61조제1항 · 제2항, 제64조 각 호 외의 부분, 제65조제1항 본문, 제69조제2항, 제70조제2항, 제71조제1항 각 호 외의 부분, 같은 조 제2항, 제75조제1항, 제76조제1항 · 제2항, 제77조제1항, 제78조제1항제4호, 제82조제1항 · 제2항, 제86조, 제87조제4항 각 호 외의 부분, 제88조제3항, 제92조제1항 · 제2항, 같은 조 제3항 각 호 외의 부분, 같은 항 제6호의2, 제94조제1호, 제96조제3호 및 제98조제4항 중 "국토해양부장관"을 각각 "국토교통부장관"으로 한다.

제5조제2항, 제7조제6항, 제10조제4항, 제13조제1항, 제14조제1항, 제15조제3항, 제17조제3항, 제19조제3항 · 제5항, 제30조제6항, 제33조제7항, 제39조제2항 · 제3항, 제42조제2항, 제45조, 제50조제4항, 제52조제1항 · 제4항, 제53조제1항제3호, 제54조제9항, 제60조제2항 전단, 제72조제4항, 제75조제6항, 제83조제2항, 제84조제1항 및 제89조제1항 중 "국토해양부령"을 각각 "국토교통부령"으로 한다.

제54조제7항, 제87조제1항 및 같은 조 제4항 각 호 외의 부분 중 "국토해양부"를 각각 "국토교통부"로 한다.

〈643〉부터 〈710〉까지 생략

제7조 생략

부칙 〈제11931호, 2013. 7. 16.〉

이 법은 공포 후 6개월이 경과한 날부터 시행한다.

부칙 〈제12248호, 2014. 1. 14.〉 (도로법)

제1조(시행일) 이 법은 공포 후 6개월이 경과한 날부터 시행한다.

제2조 부터 제23조까지 생략

제24조(다른 법률의 개정) ①부터 〈115〉까지 생략

〈116〉 하천법 일부를 다음과 같이 개정한다.

제32조제1항제9호를 다음과 같이 한다.

9. 「도로법」 제25조에 따른 도로구역의 결정, 같은 법 제36조에 따른 도로관리청이 아닌 자에 대한 도로공사 시행의 허가, 같은 법 제61조에 따른 도로의 점용 허가 및 같은 법 제107조에 따른 도로관리청과의 협의 또는 승인

〈117〉부터 〈126〉까지 생략

제25조 생략

부칙 〈제12994호, 2015. 1. 6.〉

이 법은 공포한 날부터 시행한다.

부칙 〈제13084호, 2015. 1. 28.〉 (산업표준화법)

제1조(시행일) 이 법은 공포 후 6개월이 경과한 날부터 시행한다.

제2조(다른 법률의 개정) ① 생략

② 하천법 일부를 다음과 같이 개정한다.

제18조제1항 후단 중 "「산업표준화법」 제10조에 따라 제정된 한국산업규격"을 "「산업표준화법」 제12조제1항에 따른 한국산업표준"으로 한다.

③ 생략

부칙 〈제13493호, 2015. 8. 11.〉

제1조(시행일) 이 법은 공포한 날부터 시행한다.

제2조(하천예정지에 관한 특례) ① 하천관리청은 이 법 시행 당시 종전의 제11조에 따라 지정·고시된 하천예정지를 이 법 시행 후 6

개월 이내에 폐지하거나 하천구역으로 결정하여야 한다.

② 제1항에 따른 기간 이내에 폐지되거나 하천구역으로 결정되지 아니한 하천예정지는 제1항에 따른 기간의 만료로 그 지정의 효력을 잃는다.

부칙 〈제13689호, 2015. 12. 29.〉

이 법은 공포 후 6개월이 경과한 날부터 시행한다.

부칙 〈제13796호, 2016. 1. 19.〉 (부동산 가격공시에 관한 법률)

제1조(시행일) 이 법은 2016년 9월 1일부터 시행한다.

제2조 생략

제3조(다른 법률의 개정) ①부터 ㉕까지 생략

㉖ 하천법 일부를 다음과 같이 개정한다.

제80조제3항 전단 중 "「부동산 가격공시 및 감정평가에 관한 법률」"을 "「부동산 가격공시에 관한 법률」"로 한다.

㉗ 생략

제4조 생략

부칙 〈제13808호, 2016. 1. 19.〉

제1조(시행일) 이 법은 공포 후 6개월이 경과한 날부터 시행한다.

제2조(매수청구 대상 확대에 관한 적용례) 제79조부터 제82조까지의 개정규정은 이 법 시행 당시 매수청구 절차가 진행 중인 하천구역 안의 건축물, 그 밖에 토지에 정착된 물건에 대해서도 적용한다.

제3조(허가수수료 폐지에 관한 적용례) 제89조의 개정규정은 이 법 시행 후 최초로 제30조, 제33조, 제38조 또는 제50조에 따른 허가를 하는 경우부터 적용한다.

부칙 〈제14544호, 2017. 1. 17.〉 (수자원의 조사·계획 및

관리에 관한 법률)
제1조(시행일) 이 법은 공포 후 6개월이 경과한 날부터 시행한다.
제2조 부터 제10조까지 생략
제11조(다른 법률의 개정) ① 및 ② 생략
③ 하천법 일부를 다음과 같이 개정한다.
제2조제7호를 삭제한다.
제7조제4항 전단 중 "제87조에 따른 중앙하천관리위원회(이하 "중앙하천관리위원회"라 한다)"를 "「수자원의 조사·계획 및 관리에 관한 법률」 제29조에 따른 국가수자원관리위원회(이하 "국가수자원관리위원회"라 한다)"로, "제87조에 따른 지방하천관리위원회(이하 "지방하천관리위원회"라 한다)"를 "같은 법 제32조에 따른 지역수자원관리위원회(이하 "지역수자원관리위원회"라 한다)"로 한다.
제9조제2항 중 "중앙하천관리위원회"를 "국가수자원관리위원회"로 한다.
제10조제2항 전단 중 "중앙하천관리위원회 또는 지방하천관리위원회(이하 "하천관리위원회"라 한다)"를 "국가수자원관리위원회 또는 지역수자원관리위원회(이하 "수자원관리위원회"라 한다)"로 한다.
제12조제2항 전단 중 "하천관리위원회"를 "수자원관리위원회"로 한다.
제15조제2항을 다음과 같이 하고, 같은 조 제3항을 삭제한다.
② 제1항에 따른 관리대장의 작성 및 보관 등에 필요한 사항은 국토교통부령으로 정한다.
제3장의 제목 중 "조사"를 "정보화"로 한다.
제16조부터 제21조까지를 각각 삭제한다.
제22조의 제목 중 "수자원"을 "하천관리"로 하고, 같은 조 제1항을 다음과 같이 하며, 같은 조 제2항 전단 및 같은 조 제3항 중 "수자원 정보체계"를 각각 "하천관리 정보체계"로 한다.
① 국토교통부장관은 하천관리에 필요한 자료의 효율적인 활용을 위하여 하천관리 정보체계를 구축·운영하여야 한다.

제23조 및 제24조를 각각 삭제한다.

제25조제2항 전단 중 "유역종합치수계획"을 "「수자원의 조사 · 계획 및 관리에 관한 법률」 제18조에 따른 하천유역수자원관리계획"으로 하고, 같은 조 제5항 본문 중 "하천관리위원회"를 "수자원관리위원회"로 한다.

제31조를 삭제한다.

제32조제1항 각 호 외의 부분 및 같은 조 제3항을 각각 다음과 같이 한다.

하천관리청이 제27조에 따라 하천공사시행계획을 수립 · 고시한 경우 또는 하천관리청이 아닌 자가 제30조제5항에 따라 하천공사실시계획의 인가를 받은 경우에 다음 각 호의 허가 · 인가 · 면허 · 승인 · 결정 · 해제 · 심의 · 신고 · 협의 또는 처분 등(이하 이 조에서 "인 · 허가등"이라 한다)에 관하여 제3항에 따라 국토교통부장관 또는 하천관리청이 관계 행정기관의 장과 협의한 사항에 대해서는 그 인 · 허가등을 받은 것으로 보며, 하천공사시행계획의 고시 또는 하천관리청이 아닌 자의 하천공사실시계획 인가의 고시를 한 때에는 다음 각 호의 관계 법률에 따른 인 · 허가등의 고시 또는 공고를 한 것으로 본다.

③ 국토교통부장관 또는 하천관리청은 제27조제1항에 따라 하천공사시행계획을 수립하려는 경우 또는 제30조제5항에 따라 하천관리청이 아닌 자의 하천공사실시계획을 인가하려는 경우에 제1항 각 호의 사항이 포함되어 있을 때에는 미리 관계 행정기관의 장과 협의하여야 한다.

제32조제4항제3호를 삭제한다.

제32조제6항 중 "제30조제8항 · 제31조제5항"을 "제30조제8항"으로 한다.

제33조제3항제4호 중 "수문조사시설 등 하천시설"을 "하천시설"로 한다.

제40조 및 제42조를 각각 삭제한다.

제51조제1항, 제53조제2항, 제54조제1항 각 호 외의 부분, 같은 조 제2항·제3항, 같은 조 제4항 본문, 같은 조 제5항 본문·단서, 같은 조 제6항·제7항, 제55조제1항 전단, 같은 조 제2항, 같은 조 제3항 전단·후단, 제56조제1항부터 제3항까지 및 제57조제2항 중 "중앙하천관리위원회"를 각각 "국가수자원관리위원회"로 한다.

제75조제1항 중 "하천공사, 수문조사시설공사"를 "하천공사"로 한다.

제76조제1항 중 "하천공사 또는 국토교통부장관이 시행하는 수문조사시설공사"를 "하천공사"로 한다.

제78조제1항 각 호 외의 부분 중 "하천공사 또는 수문조사시설공사"를 "하천공사"로 하고, 같은 항 제4호를 삭제하며, 같은 조 제3항 각 호 외의 부분 중 "하천공사 또는 수문조사시설공사"를 "하천공사"로 하고, 같은 항 제3호를 삭제한다.

제82조제1항 중 "하천공사 또는 수문조사시설공사"를 "하천공사"로 한다.

제87조를 삭제한다.

제92조제3항제1호부터 제5호까지를 각각 삭제하고, 같은 항 제6호 중 "수자원 자료"를 "하천관리 자료"로 하며, 같은 항 제7호를 삭제한다.

제95조제2호 및 제7호를 각각 삭제한다.

제98조제3항제2호 및 제4호를 각각 삭제한다.

제12조 생략

부칙 〈제14722호, 2017. 3. 21.〉

제1조(시행일) 이 법은 공포한 날부터 시행한다. 다만, 제33조제8항 및 제34조의 개정규정은 공포 후 6개월이 경과한 날부터 시행한다.

제2조(소규모 공작물 설치를 위한 점용허가에 관한 적용례) 제33조제8항의 개정규정은 같은 개정규정 시행 후 최초로 공작물 설치를 위한 점용허가를 신청하는 경우부터 적용한다.

부칙 〈제15405호, 2018. 2. 21.〉

제1조(시행일) 이 법은 공포 후 1년이 경과한 날부터 시행한다. 다만, 제10조제4항의 개정규정은 공포한 날부터 시행하고, 제14조제4항의 개정규정은 공포 후 6개월이 경과한 날부터 시행한다.

제2조(하천구역 내 토지 또는 시설의 임대·전대에 관한 경과조치) 이 법 시행 전에 하천점용허가를 받아 점용하고 있는 토지 또는 시설을 다른 사람에게 임대하거나 전대한 경우에 대하여는 제33조제5항의 개정규정에도 불구하고 종전의 예에 따른다.

부칙 〈제15624호, 2018. 6. 8.〉 (정부조직법)

제1조(시행일) 이 법은 공포한 날부터 시행한다. 다만, 부칙 제4조에 따라 개정되는 법률 중 이 법 시행 전에 공포되었으나 시행일이 도래하지 아니한 법률을 개정한 부분은 각각 해당 법률의 시행일부터 시행한다.

제2조 및 제3조 생략

제4조(다른 법률의 개정) ①부터 ⑥까지 생략

⑦ 하천법 일부를 다음과 같이 개정한다.

제5조제2항, 제6조제1항·제2항, 제39조제3항, 제41조제2항 본문, 제68조, 제70조제1항 각 호 외의 부분, 제77조제1항·제2항, 제90조제1항 및 제91조 중 “하천관리청”을 각각 “하천관리청 또는 환경부장관”으로 한다.

제5조제2항 및 제39조제3항 중 “국토교통부령”을 각각 “국토교통부령 또는 환경부령”으로 한다.

제14조제4항, 같은 조 제5항 전단, 제41조제1항, 같은 조 제2항 단서, 같은 조 제3항, 제50조제1항 전단, 같은 조 제2항, 같은 조 제3항 각 호 외의 부분, 제50조의2제1항 전단, 같은 조 제2항, 제51조제1항·제2항, 제52조제2항·제3항·제5항, 제53조제1항 각 호 외의 부분, 같은 조 제2항부터 제4항까지, 제54조제2항, 제94조제1호 및 제96조제3호 중 “국토교통부장관”을 각각 “환경부장관”으

로 한다.

제50조제4항, 제52조제1항 · 제4항, 제53조제1항제3호 및 제54조제9항 중 "국토교통부령"을 각각 "환경부령"으로 한다.

제51조제3항 중 "하천관리청"을 "환경부장관 및 하천관리청"으로 한다.

제54조제7항 중 "국토교통부"를 "환경부"로 한다.

제69조제1항 각 호 외의 부분 중 "하천관리청(제46조제6호에 따른 금지행위 위반에 관한 처분 등의 경우에는 시 · 도지사를 말한다. 이하 제95조제10호에서 같다)"을 "환경부장관 또는 하천관리청(제46조제6호에 따른 금지행위 위반에 관한 처분 등의 경우에는 시 · 도지사를 말한다. 이하 제95조제10호에서 같다)"으로 한다.

제69조제2항, 제70조제2항, 제72조제5항, 제76조제1항 및 제92조제1항 중 "국토교통부장관"을 각각 "국토교통부장관 또는 환경부장관"으로 한다.

제75조제1항 중 "국토교통부장관, 하천관리청, 국토교통부장관 · 하천관리청"을 "국토교통부장관, 환경부장관, 하천관리청, 국토교통부장관 · 환경부장관 · 하천관리청"으로 한다.

제76조제2항 중 "국토교통부장관 또는 시 · 도지사"를 "국토교통부장관 또는 환경부장관, 시 · 도지사"로 한다.

제98조제4항 중 "국토교통부장관 또는 하천관리청"을 "국토교통부장관, 환경부장관 또는 하천관리청"으로 한다.

법률 제15405호 하천법 일부개정법률 제14조제4항 후단 중 "국토교통부장관"을 "환경부장관"으로 한다.

⑧부터 ⑩까지 생략

제5조 생략

부칙 〈제15684호, 2018. 6. 12.〉

이 법은 공포한 날부터 시행한다.

부칙 〈제15742호, 2018. 8. 14.〉

이 법은 공포한 날부터 시행한다. 다만, 제7조제2항제3호라목, 제7조제2항제4호, 제38조제1항제3호, 제72조제1항 및 제92조제3항제8호의 개정규정은 공포 후 6개월이 경과한 날부터 시행한다.

부칙 〈제16057호, 2018. 12. 24.〉 (문화재보호법)

제1조(시행일) 이 법은 공포 후 1년이 경과한 날부터 시행한다.

제2조 생략

제3조(다른 법률의 개정) ①부터 ⑦까지 생략

⑧ 하천법 일부를 다음과 같이 개정한다.

제32조제1항제11호 중 "제50조에 따른 등록문화재"를 "제56조에 따른 국가등록문화재"로 한다.

⑨ 생략

부칙 〈제17326호, 2020. 5. 26.〉 (법률용어 정비를 위한 환경노동위원회 소관 65개 법률 일부개정을 위한 법률)

이 법은 공포한 날부터 시행한다. 〈단서 생략〉

부칙 〈제17453호, 2020. 6. 9.〉 (법률용어 정비를 위한 국토교통위원회 소관 78개 법률 일부개정을 위한 법률)

이 법은 공포한 날부터 시행한다. 〈단서 생략〉

부칙 〈제17732호, 2020. 12. 22.〉

제1조(시행일) 이 법은 공포 후 1개월이 경과한 날부터 시행한다.

제2조(권리·의무의 승계신고 및 일시적 하천수의 사용신고·변경신고에 관한 적용례) 제5조제3항·제4항 및 제50조의2제2항·제3항의 개정규정은 이 법 시행 이후 권리·의무의 승계신고 또는 일시적 하천수의 사용신고·변경신고를 하는 경우부터 적용한다.

제3조(하천공사실시계획 인가에 관한 적용례) 제30조제6항의 개정규

정(제33조제9항 및 제38조제4항의 개정규정에 따라 준용되는 경우를 포함한다)은 이 법 시행 이후 하천공사실시계획의 인가 또는 변경인가를 신청하는 경우부터 적용한다.

부칙 〈제17814호, 2020. 12. 31.〉 (정부조직법)

제1조(시행일) 이 법은 공포 후 1년이 경과한 날부터 시행한다. 다만, 부칙 제4조에 따라 개정되는 법률 중 이 법 시행 전에 공포되었으나 시행일이 도래하지 아니한 법률을 개정한 부분은 각각 해당 법률의 시행일부터 시행한다.

제2조 및 제3조 생략

제4조(다른 법률의 개정) ① 하천법 일부를 다음과 같이 개정한다.

제2조제4호, 제7조제2항, 같은 조 제4항 전단, 같은 조 제5항 및 제6항, 제8조제1항, 제9조제2항, 같은 조 제3항 전단, 같은 조 제4항, 제13조제2항, 제22조제1항, 같은 조 제2항 전단, 제25조제2항 전단, 제27조제1항 본문, 같은 조 제5항 각 호 외의 부분, 같은 조 제10항, 제28조제1항, 같은 조 제2항 전단, 제30조제3항, 제43조제2항, 제60조제1항, 제61조제1항 · 제2항, 제64조 각 호 외의 부분, 제65조제1항 본문, 제71조제1항 각 호 외의 부분, 같은 조 제2항, 제72조제1항, 제77조제1항, 제82조제1항 · 제2항, 제86조, 제88조제3항, 제92조제2항, 같은 조 제3항 각 호 외의 부분 및 같은 항 제6호의2 중 "국토교통부장관"을 각각 "환경부장관"으로 한다.

제5조제2항 중 "하천관리청 또는 환경부장관"을 "하천관리청"으로 한다. 법률 제17732호 하천법 일부개정법률 제5조제3항 및 제4항 중 "하천관리청 또는 환경부장관"을 각각 "하천관리청"으로 한다. 제6조제1항 · 제2항, 제39조제3항, 제41조제2항 본문, 제68조, 제70조제1항 각 호 외의 부분, 제77조제1항 · 제2항, 제90조제1항, 제91조 중 "하천관리청 또는 환경부장관"을 각각 "하천관리청"으로 한다.

제5조제2항, 제39조제3항 중 "국토교통부령 또는 환경부령"을 각각 "환경부령"으로 한다.

제7조제6항, 제10조제4항, 제13조제1항, 제14조제1항, 제15조제2항 중 "국토교통부령"을 각각 "환경부령"으로 한다.

법률 제17732호 하천법 일부개정법률 제30조제7항 중 "국토교통부령"을 "환경부령"으로 한다.

제33조제5항 · 제8항 · 제9항, 제39조제2항, 제45조, 제60조제2항 전단, 제72조제4항, 제75조제6항, 제83조제2항, 제84조제1항 중 "국토교통부령"을 각각 "환경부령"으로 한다.

제25조제5항 본문, 제32조제1항 각 호 외의 부분, 같은 조 제3항 · 제4항 · 제6항 중 "국토교통부장관 또는 하천관리청"을 각각 "환경부장관 또는 하천관리청"으로 한다.

제51조제3항 중 "환경부장관 및 하천관리청"을 "하천관리청"으로 한다.

제69조제1항 중 "환경부장관 또는 하천관리청"을 "하천관리청"으로 한다.

제69조제2항, 제70조제2항, 제72조제5항, 제76조제1항 · 제2항, 제92조제1항 중 "국토교통부장관 또는 환경부장관"을 각각 "환경부장관"으로 한다.

제75조제1항 중 "국토교통부장관, 환경부장관, 하천관리청, 국토교통부장관 · 환경부장관 · 하천관리청"을 "환경부장관, 하천관리청, 환경부장관 · 하천관리청"으로 한다.

제75조제1항 중 "국토교통부장관 · 하천관리청"을 "환경부장관 · 하천관리청"으로 한다.

제98조제4항 중 "국토교통부장관, 환경부장관 또는 하천관리청"을 "환경부장관 또는 하천관리청"으로 한다.

②부터 ㉕까지 생략

제5조 생략

부칙 〈제18352호, 2021. 7. 27.〉

이 법은 공포 후 6개월이 경과한 날부터 시행한다.

부칙 〈제18915호, 2022. 6. 10.〉

제1조(시행일) 이 법은 공포 후 1년이 경과한 날부터 시행한다.

제2조(하천수의 사용허가조건 등에 관한 적용례) 제50조제4항·제5항의 개정규정은 이 법 시행 이후 제50조제1항에 따라 허가 또는 변경허가를 하는 경우부터 적용한다.

부칙 〈제19117호, 2022. 12. 27.〉 (산림자원의 조성 및 관리에 관한 법률)

제1조(시행일) 이 법은 공포 후 6개월이 경과한 날부터 시행한다.

제2조 생략

제3조(다른 법률의 개정) ①부터 〈86〉까지 생략

〈87〉 하천법 일부를 다음과 같이 개정한다.

제32조제1항제14호 중 "「산림자원의 조성 및 관리에 관한 법률」 제36조제1항·제4항"을 "「산림자원의 조성 및 관리에 관한 법률」 제36조제1항·제5항"으로 한다.

〈88〉부터 〈98〉까지 생략

부칙 〈제19171호, 2023. 1. 3.〉

제1조(시행일) 이 법은 공포 후 6개월이 경과한 날부터 시행한다.

제2조(하천구역의 결정 또는 홍수관리구역의 지정 등의 내용 공고에 관한 적용례) 제10조제3항의 개정규정(제12조제3항에서 준용하는 경우를 포함한다)은 이 법 시행 이후 하천구역을 결정·변경 또는 폐지하거나 홍수관리구역을 지정·변경 또는 폐지하는 경우부터 적용한다.

제3조(하천기본계획에 관한 적용례) 제25조제1항의 개정규정은 이 법 시행 이후 수립하는 하천기본계획부터 적용한다.

제4조(하천의 점용허가에 관한 적용례) 제33조제4항제3호의 개정규정은 이 법 시행 이후 하천점용허가를 하는 경우부터 적용한다.

부칙 〈제19590호, 2023. 8. 8.〉 (문화유산의 보존 및 활용에 관한 법률)

제1조(시행일) 이 법은 2024년 5월 17일부터 시행한다.

제2조 부터 제8조까지 생략

제9조(다른 법률의 개정) ①부터 ㊼까지 생략

㊽ 하천법 일부를 다음과 같이 개정한다.

제7조제2항제3호다목 중 "문화재보호구역"을 "문화유산보호구역 및 자연유산보호구역"으로 한다.

제32조제1항제11호 중 "「문화재보호법」"을 "「문화유산의 보존 및 활용에 관한 법률」"로, "국가등록문화재의"를 "국가등록문화유산의"로 한다.

㊾부터 〈53〉까지 생략

제10조 생략

부칙 〈제19667호, 2023. 8. 16.〉

제1조(시행일) 이 법은 공포한 날부터 시행한다.

제2조(다른 법률의 개정) 한국수자원공사법 일부를 다음과 같이 개정한다.

제26조제1항 중 "제27조제5항"을 "제27조제6항"으로 하고, 같은 조 제2항 중 "제27조제6항"을 "제27조제7항"으로 한다.

부칙 〈제19702호, 2023. 9. 14.〉 (근현대문화유산의 보존 및 활용에 관한 법률)

제1조(시행일) 이 법은 공포 후 1년이 경과한 날부터 시행한다.

제2조 부터 제7조까지 생략

제8조(다른 법률의 개정) ①부터 ⑪까지 생략

⑫ 법률 제19590호 하천법 일부를 다음과 같이 개정한다.

제32조제1항제11호를 다음과 같이 한다.

11. 「근현대문화유산의 보존 및 활용에 관한 법률」 제17조에

따른 국가등록문화유산의 현상변경 신고

⑬ 생략

제9조 생략

부칙 <제20172호, 2024. 1. 30.> (행정법제 혁신을 위한 금강수계 물관리 및 주민지원 등에 관한 법률 등 23개 법률의 일부개정에 관한 법률)

제1조(시행일) 이 법은 공포한 날부터 시행한다.

제2조(이의신청에 관한 적용례) 이의신청에 관한 개정규정은 이 법 시행 이후 하는 처분부터 적용한다.

제3조 부터 제12조까지 생략

부칙 <제20333호, 2024. 2. 20.>

제1조(시행일) 이 법은 공포 후 6개월이 경과한 날부터 시행한다.

제2조(하천기본계획에 관한 적용례) 제25조제4항의 개정규정은 이 법 시행 이후 수립하는 하천기본계획부터 적용한다.

하천법 시행령

[시행 2025. 4. 1.] [대통령령 제35423호, 2025. 4. 1., 일부개정]

제1장 총칙
- 제1조(목적)
- 제2조(하천시설)
- 제3조삭 제
- 제4조(허가신청에 관한 규정의 준용)

제2장 하천의 지정 등
- 제5조(국가하천의 지정)
- 제5조의2(지방하천의 지정)
- 제6조(하천구역의 토지)
- 제7조(홍수관리구역의 범위)
- 제8조(관리규정을 정하여야 하는 하천시설)

제3장 조사 및 계획 수립
- 제9조삭 제
- 제10조삭 제
- 제11조삭 제
- 제12조삭 제
- 제13조삭 제
- 제14조삭 제
- 제15조삭 제
- 제16조삭 제
- 제17조삭 제
- 제17조의2(하상변동조사의 방법, 실시 주기 및 시기)
- 제17조의3(하상변동조사 관련 업무 종사자에 대한 교육)
- 제18조(하천관리 정보체계의 구축 · 운영 등)
- 제19조삭 제
- 제20조삭 제
- 제21조삭 제
- 제22조삭 제
- 제23조삭 제

제24조(하천기본계획의 수립)
제24조의2(하천기본계획의 수립기준 등)
제25조(비상대처계획의 수립)
제4장 하천공사 등의 시행
제26조(하천공사시행계획의 수립)
제26조의2(국가하천의 유지 · 보수 대상시설)
제27조(다른 공작물의 공사 등)
제28조(하천공사의 대행)
제29조(하천관리청이 아닌 자의 하천공사시행허가 등)
제30조(공사비의 예치)
제31조(하천공사실시계획의 인가신청 등)
제32조(복합허가사항의 일괄처리 등)
제33조삭 제
제5장 하천의 점용 등
제34조(점용허가의 신청 등)
제35조(하천의 점용행위 등)
제36조(하천점용허가의 금지)
제37조(하천점용허가증 등)
제38조(하천점용허가의 고시)
제39조(기득하천사용자의 범위 등)
제40조(재결의 신청)
제41조(하천점용공사 대행 시의 준용규정)
제42조(점용료등의 징수)
제43조(변상금의 징수)
제44조(점용료등의 감면)
제45조(홍수관리구역 안에서의 행위허가)
제46조(재해발생의 방지 및 경감에 필요한 시설의 설치)
제47조삭 제
제48조(댐 저수의 방류)
제6장 하천환경의 보전 · 관리
제49조(보전지구 등의 지정기준)
제50조(보전지구 등의 지정)
제51조(낚시 등의 금지지역 지정 등)
제51조의2(하천의 흐름에 지장을 주거나 하천을 오염시키는 행위)
제52조(하천의 사용금지 등)
제53조(원상회복비용의 예치)

제7장 하천수의 사용 및 분쟁조정
제54조(용수배분의 우선순위)
제55조(하천수의 사용허가 및 변경 등)
제55조의2(일시적 하천수의 사용신고 등)
제56조(하천수의 보전)
제57조(하천수사용료의 산정 및 징수)
제58조(하천수사용료의 감면)
제59조(기준지점의 선정 등)
제60조(하천수 사용자의 범위)
제61조(허가수량의 조정 등)
제62조(하천수조정협의회의 구성)
제63조(조정협의회의 기능)
제64조(간사)
제65조(회의)
제66조(회의록)
제67조(수당 및 여비)
제68조(운영세칙)
제69조(조정신청)
제70조(감정 등의 의뢰)
제71조(의견청취의 절차)
제72조(비용의 부담)
제8장 하천에 관한 비용과 수익
제73조(하천에 관한 비용과 수익의 범위)
제74조(시 · 도의 비용부담)
제75조(시 · 군 · 구의 비용부담)
제76조(비용보조의 범위)
제77조(수입금사용의 기준 등)
제78조(잘못 납부된 부담금 등의 반환에 따른 이자)
제9장 감독
제79조(점용물 등의 보관 및 처리 등)
제80조(점용물 등의 반환 등)
제81조(미반환 점용물 등의 귀속)
제82조(하천관리상황의 점검 등)
제10장 보칙
제83조(재결의 신청)
제84조(매수절차)

제85조(매수대상토지등의 판정기준)
제86조(매수기한)
제87조삭 제
제88조(감정평가비용의 납부고지 등)
제89조(비율)
제90조(손실보상업무 등의 위임 또는 위탁)
제91조(폐천부지등의 교환)
제92조(폐천부지등의 양여)
제93조삭 제
제94조삭 제
제94조의2삭 제
제94조의3삭 제
제95조삭 제
제96조삭 제
제97조삭 제
제98조삭 제
제99조삭 제
제100조삭 제
제101조삭 제
제102조(협회설립인가의 공고)
제103조(정관 기재사항 등)
제104조(협회의 감독)
제105조(권한의 위임)
제105조의2(권한의 위임에 따른 조정)
제106조(위탁기관)
제106조의2삭 제
제11장 벌칙
제107조(과태료의 부과기준)

**개정 예정 법률 밑줄 별도 표시.

하천법 시행령

[시행 2025. 4. 1.] [대통령령 제35423호, 2025. 4. 1., 일부개정]

제1장 총칙

제1조(목적) 이 영은 「하천법」에서 위임된 사항과 그 시행에 필요한 사항을 규정함을 목적으로 한다.

제2조(하천시설) 「하천법」(이하 "법"이라 한다) 제2조제3호라목에서 "대통령령으로 정하는 시설"이란 하천관리에 필요한 보(洑)·수로터널·하천실험장, 그 밖에 법에 따라 설치된 시설로서 환경부장관이 고시하는 시설을 말한다. 〈개정 2013. 3. 23., 2017. 7. 17., 2021. 12. 28.〉

제3조 삭제 〈2017. 7. 17.〉

제4조(허가신청에 관한 규정의 준용) 법 제6조에 따라 국가 또는 지방자치단체가 하천관리청과 미리 협의를 하거나 그 승인을 받아야 할 사업의 시행에 관하여는 제29조·제34조·제45조 및 제55조를 준용한다. 〈개정 2018. 6. 8., 2021. 12. 28.〉

제2장 하천의 지정 등

제5조(국가하천의 지정) 법 제7조제2항제4호에서 "대통령령으로 정하는 하천"이란 다음 각 호의 사항을 고려하여 환경부장관이 정하여 고시하는 기준에 해당하는 하천을 말한다. 〈개정 2021. 12. 28.〉

1. 「수자원의 조사·계획 및 관리에 관한 법률」 제7조제1항 및 제18조에 따른 홍수위험지도 및 하천유역수자원관리계획
2. 「자연재해대책법」 제21조제1항에 따른 재해지도

3. 최근 10년간의 홍수피해 이력 및 규모

[본조신설 2019. 2. 8.]

[종전 제5조는 제5조의2로 이동 〈2019. 2. 8.〉]

제5조의2(지방하천의 지정) 특별시장ㆍ광역시장ㆍ특별자치시장ㆍ도지사ㆍ특별자치도지사(이하 "시ㆍ도지사"라 한다)는 법 제7조제3항에 따라 지방하천을 지정하거나 지정을 변경 또는 해제하는 경우에는 다음 각 호의 사항을 준수하여야 한다. 〈개정 2012. 4. 10.〉

1. 국가하천의 기점 또는 지방하천의 기점과 연접하는 지방하천의 종점은 국가하천의 기점 또는 지방하천의 기점과 일치하도록 할 것

2. 하나의 하천을 2개 이상의 명칭으로 지정하지 아니할 것

3. 공유수면의 매립 등으로 해안선이 변경될 경우 하천의 종점을 변경하도록 할 것

[제5조에서 이동 〈2019. 2. 8.〉]

제6조(하천구역의 토지) ① 법 제10조제1항제6호에서 "대통령령으로 정하는 방법"이란 10년 동안 매년 최대유량을 산술평균하는 것을 말한다.

② 법 제10조제1항제6호에 따른 토지를 판단할 때에는 대홍수나 그 밖의 자연현상에 의하여 일시적으로 그 상황을 나타내고 있거나 유로가 변경된 토지는 제외한다.

③ 하천관리청은 법 제10조제1항제6호에 해당되어 지정될 하천구역의 범위를 결정할 때 필요한 경우에는 법 제88조에 따른 협회에 그 적정성 검토를 의뢰할 수 있다.

제7조(홍수관리구역의 범위) ① 법 제12조제1항제2호에서 "대통령령으로 정하는 일정한 범위 안의 지역"이란 다음 각 호의 지역을 말한다. 〈개정 2017. 7. 17.〉

1. 하천구역의 경계선으로부터 직선거리로 500미터를 초과하지 아니하는 지역으로서 통상의 홍수가 미치는 지역

2. 하천구역의 경계선으로부터 직선거리로 500미터를 초과하지 아니하는 지역으로서 하천과 하천시설물을 보전하기 위하여 필요한

최소한도의 지역

3. 하천구역의 경계선으로부터 직선거리로 500미터를 초과하는 지역으로서 통상의 홍수가 미치는 지역(「수자원의 조사·계획 및 관리에 관한 법률」 제18조에 따른 하천유역수자원관리계획에 저류지가 포함된 경우만 해당한다)

② 제1항 각 호의 지역을 홍수관리구역으로 지정하려는 경우에는 제6조제3항을 준용한다.

제8조(관리규정을 정하여야 하는 하천시설) 법 제14조제1항에서 "댐·보·수문 등 대통령령으로 정하는 하천시설"이란 다음 각 호의 시설을 말한다. 〈개정 2009. 11. 16.〉

1. 댐·하구둑·홍수조절지·방수로 및 저류지
2. 운하 및 갑문
3. 하천관리청이 지정하는 보·수문 및 배수펌프장

제3장 조사 및 계획 수립

제9조 삭제 〈2017. 7. 17.〉

제10조 삭제 〈2017. 7. 17.〉

제11조 삭제 〈2017. 7. 17.〉

제12조 삭제 〈2017. 7. 17.〉

제13조 삭제 〈2017. 7. 17.〉

제14조 삭제 〈2017. 7. 17.〉

제15조 삭제 〈2017. 7. 17.〉

제16조 삭제 〈2017. 7. 17.〉

제17조 삭제 〈2017. 7. 17.〉

제17조의2(하상변동조사의 방법, 실시 주기 및 시기) ① 법 제21조의2제1항에 따른 하상변동조사(이하 "하상변동조사"라 한다)는 다음 각 호의 방법으로 한다.

1. 하천의 종단·횡단 등의 측량
2. 하상(河床) 재료의 채취 및 유사량(流砂量) 측정

3. 하상변동량 산정 및 연도별 하상변동 분석
4. 하천수치모형을 이용한 장래 하상변동 예측
5. 그 밖에 하상변동 영향 분석 및 평가에 필요한 방법

② 하상변동조사는 10년마다 법 제25조제1항에 따른 하천기본계획의 수립과 연계하여 하여야 한다. 다만, 한강·낙동강·금강·영산강 및 섬진강의 하천구간 중 댐 직하류, 다기능보 상하류, 지류 합류부, 취수시설물 설치구간 등 퇴적 및 세굴(洗掘)이 빈번하게 발생하는 구간에 대해서는 2년마다 하되, 하상변동이 큰 곳은 1년마다, 하상변동이 작은 곳은 5년의 범위에서 주기를 달리 할 수 있다.

③ 하천관리청은 홍수 발생 등으로 필요한 경우에는 제2항에 따른 정기조사 외에 수시조사나 특별조사를 할 수 있다.

④ 하상변동조사는 홍수기 이후에 하여야 한다. 다만, 제3항에 따른 수시조사나 특별조사의 경우에는 홍수기 전이나 홍수기에도 할 수 있다.

⑤ 제1항부터 제4항까지에서 규정한 사항 외에 하상변동조사의 방법, 실시 시기 및 주기, 자료의 처리 및 활용과 그 밖에 하상변동조사에 필요한 세부적인 사항은 환경부장관이 정하여 고시한다. 〈개정 2021. 12. 28.〉

[본조신설 2016. 7. 19.]

제17조의3(하상변동조사 관련 업무 종사자에 대한 교육) ① 하상변동조사 종사자는 하상변동조사 관련 업무에 종사한 날부터 2년 이내에 18시간 이상의 교육을 받아야 하며, 3년마다 재교육을 받아야 한다.

② 환경부장관은 제1항에 따른 교육과정을 시작하기 60일 전까지 교육대상자의 소속 기관에 교육대상자 및 교육계획을 통보하여야 한다. 〈개정 2021. 12. 28.〉

③ 환경부장관은 제1항에 따른 교육을 이수한 자에게 수료증을 발급하고, 교육실시 결과를 지체 없이 그 이수자의 소속 기관에 통보하여야 한다. 〈개정 2021. 12. 28.〉

④ 제1항에 따른 교육에 필요한 세부적인 사항은 환경부장관이 정하여 고시한다. 〈개정 2021. 12. 28.〉

[본조신설 2016. 7. 19.]

제18조(하천관리 정보체계의 구축·운영 등) ① 법 제22조제1항에 따른 하천관리 정보체계(이하 "하천관리정보체계"라 한다)에는 다음 각 호의 자료가 포함되어야 한다. 〈개정 2009. 11. 16., 2016. 7. 19., 2017. 7. 17.〉

1. 삭제 〈2017. 7. 17.〉
2. 삭제 〈2017. 7. 17.〉

2의2. 삭제 〈2017. 7. 17.〉

2의3. 삭제 〈2017. 7. 17.〉

2의4. 삭제 〈2017. 7. 17.〉

3. 법 제25조제1항에 따른 하천기본계획에 관한 자료
4. 삭제 〈2017. 7. 17.〉
5. 삭제 〈2017. 7. 17.〉
6. 그 밖에 하천의 효율적인 이용·관리에 관한 계획의 수립에 필요한 자료

② 환경부장관은 하천관리정보체계를 효율적으로 구축·운영하기 위하여 필요한 경우에는 제1항 각 호에 따른 자료의 생산·관리 및 유통에 관하여 표준화를 추진할 수 있다. 〈개정 2013. 3. 23., 2017. 7. 17., 2021. 12. 28.〉

③ 환경부장관은 제2항에 따라 하천관리정보체계를 표준화하려는 경우에는 관계 행정기관·단체 등과 협의하여야 한다. 〈개정 2013. 3. 23., 2017. 7. 17., 2021. 12. 28.〉

[제목개정 2017. 7. 17.]

제19조 삭제 〈2017. 7. 17.〉

제20조 삭제 〈2017. 7. 17.〉

제21조 삭제 〈2017. 7. 17.〉

제22조 삭제 〈2017. 7. 17.〉

제23조 삭제 〈2017. 7. 17.〉

제24조(하천기본계획의 수립) ① 법 제25조제1항에 따른 하천기본계획(이하 "하천기본계획"이라 한다)을 수립할 때에는 하천유역의 국토계획 및 도시·군계획 등에 대한 변동상황을 고려하여 공통유역도(환경부장관이 이수·치수·환경을 고려하여 전국을 권역별로 구분한 유역도를 말한다)를 기본으로 권역별로 수립하여야 한다. 〈개정 2012. 4. 10., 2013. 3. 23., 2021. 12. 28.〉

② 법 제25조제4항제7호에서 "대통령령으로 정하는 사항"이란 다음 각 호의 사항을 말한다. 〈개정 2024. 8. 13.〉

1. 법 제10조제1항에 따른 하천구역의 결정 및 법 제12조제1항에 따른 홍수관리구역의 지정을 위한 기초자료에 관한 사항
2. 법 제84조제1항에 따른 폐천부지등의 보전 및 활용에 관한 사항
3. 그 밖에 하천의 환경보전과 적절한 이용에 관한 사항

③ 법 제25조제5항 단서에서 "대통령령으로 정하는 경미한 사항"이란 같은 조 제4항제4호에 따른 하천공사의 시행에 관한 사항으로서 다음 각 호의 어느 하나에 해당하는 사항을 말한다. 〈개정 2024. 8. 13.〉

1. 계획홍수량을 100분의 10 이하의 범위에서 증가시키는 것
2. 계획하폭을 100분의 10 이하의 범위에서 확대하거나 100분의 1 이하의 범위에서 축소하는 것

제24조의2(하천기본계획의 수립기준 등) ① 법 제25조제8항에 따라 하천기본계획은 다음 각 호의 기준에 따라 수립하여야 한다. 〈개정 2017. 7. 17.〉

1. 유역의 강우, 하천의 유량, 하천환경 및 하천의 이용 현황 등 하천의 치수, 이수(利水), 환경 및 친수 등에 관한 제반 사항을 검토하여 하천의 체계적인 정비와 하천의 이용 및 자연친화적 관리 등을 위한 종합계획이 되도록 할 것
2. 「수자원의 조사·계획 및 관리에 관한 법률」 제17조에 따른 수자원장기종합계획 및 같은 법 제18조에 따른 하천유역수자원관리

계획(이하 "하천유역수자원관리계획"이라 한다)을 기본으로 하여 수립할 것

3. 해당 하천유역의 「국토의 계획 및 이용에 관한 법률」에 따른 도시·군계획 등 관련 계획을 조사하여 하천기본계획과 관련되는 사항에 대해서는 관계 기관과 미리 협의하도록 할 것

② 하천관리청은 법 제25조제1항에 따라 하천기본계획을 수립하는 경우에는 지역주민 및 관계 전문가 등의 의견을 들어야 한다.

③ 삭제 〈2017. 7. 17.〉

④ 제1항부터 제3항까지의 규정에 따른 하천기본계획의 수립 기준·절차·방법 및 주민의견 청취 등에 관한 세부적인 사항은 환경부장관이 정하여 고시한다. 〈개정 2021. 12. 28.〉

[본조신설 2016. 7. 19.]

제25조(비상대처계획의 수립) ① 법 제26조제1항 본문에서 "대통령령으로 정하는 하천시설"이란 다음 각 호의 댐을 말한다.

1. 다목적댐
2. 발전용댐
3. 제1호나 제2호에 해당하지 아니하는 댐으로서 총저수용량이 30만 톤 이상인 댐

② 법 제26조제1항 본문에 따른 비상대처계획(이하 "비상대처계획"이라 한다)에는 다음 각 호의 사항이 포함되어야 한다.

1. 댐의 개요 및 주변 환경
2. 댐의 붕괴에 따른 홍수범람 예상지역
3. 비상연락체계
4. 비상경보의 발령절차 등에 관한 사항
5. 비상 시 응급행동요령
6. 비상대피계획
7. 이재민 수용계획에 관한 사항
8. 유관 기관 및 단체의 공동 대응에 관한 사항
9. 그 밖에 비상대처에 필요한 사항

③ 관계 중앙행정기관의 장은 제1항 각 호에 해당하는 하천시설을 설치한 자가 비상대처계획을 수립한 경우에는 그 비용의 일부를 지원할 수 있다.

제4장 하천공사 등의 시행

제26조(하천공사시행계획의 수립) ① 법 제27조제1항에 따른 하천공사시행계획(이하 "하천공사시행계획"이라 한다)에는 다음 각 호의 사항이 포함되어야 한다.

1. 하천공사의 명칭
2. 하천공사의 목적 및 개요
3. 하천공사시행지역의 위치
4. 하천공사시행자의 명칭 및 주소
5. 하천공사의 착수 및 준공예정연월일
6. 수용하거나 사용할 다음 각 목의 물건 또는 권리에 관한 명세와 그 소유자 또는 소유자 외의 권리자의 성명 및 주소를 적은 서류
   가. 토지 또는 토지 소유권 외의 권리
   나. 토지에 정착한 물건 또는 그 물건에 관한 소유권 외의 권리
7. 실시설계도서(2개 이상의 공사구역으로 분할하는 경우에는 공사구역별로 작성한다)
8. 사업비 및 자금조달계획서(연차별투자계획을 포함한다)
9. 공사예정공정표
10. 하천시설의 관리에 관한 사항
11. 법 제84조제1항에 따른 폐천부지등의 발생 예상 면적

② 법 제27조제1항 단서에서 "대통령령으로 정하는 경미한 하천공사"란 다음 각 호의 공사를 말한다. 〈개정 2025. 4. 1.〉

1. 「자연재해대책법」에 따른 재해복구공사
2. 「재난 및 안전관리 기본법」 제31조제1항제2호 및 제3호에 따

른 안전조치(같은 법 제37조제1항제1호의2에 따른 응급조치로서 시행되는 안전조치를 포함한다)에 해당하는 공사로서 하천관리청이 공사의 내용 및 규모 등을 고려하여 긴급하게 시행할 필요가 있다고 인정하는 공사

3. 통상적인 하천의 유지·보수를 위한 공사

③ 하천관리청은 하천공사시행계획을 수립하거나 변경한 경우에는 제1항제1호부터 제6호까지의 사항을 관보 또는 공보에 고시하여야 한다.

제26조의2(국가하천의 유지·보수 대상시설) 법 제27조제6항제4호에서 "대통령령으로 정하는 시설"이란 다음 각 호의 어느 하나에 해당하는 시설을 말한다. 〈개정 2016. 6. 28., 2017. 7. 17., 2023. 12. 12.〉

1. 홍수조절지·저류지·수문·선착장·갑문

1의2. 제방, 저수로, 보와 인접한 시설로서 홍수 때 저수로를 넘쳐흐르는 부분인 홍수터 등 물길안정과 관련된 시설

2. 그 밖에 수자원의 효율적 운영을 도모하기 위하여 설치하는 홍보관·전망대 및 이에 부속되는 휴게시설 또는 하천 관리사무소

[본조신설 2012. 4. 10.]

제27조(다른 공작물의 공사 등) ① 하천관리청이 법 제27조제7항 각 호에 따른 공사를 시행하려는 경우에는 해당 공작물의 관리자 또는 해당 공사를 시행할 의무가 있는 자에게 이를 통지하여야 한다. 다만, 해당 공작물의 관리자 등이 행정청인 경우에는 미리 협의하여야 한다. 〈개정 2009. 11. 16., 2023. 12. 12.〉

② 하천관리청이 법 제27조제7항에 따라 다른 공작물의 유지·보수를 하려는 경우에는 유지·보수계획서와 비용계산서를 갖추어 해당 다른 공작물의 관리자 등에게 보내야 한다. 〈개정 2023. 12. 12.〉

③ 하천관리청이 제1항에 따른 통지 또는 협의를 요청하려는 경우에는 통지서 또는 협의요청서에 하천공사에 관한 설계도서를 첨부하여야 한다.

④ 하천관리청이 법 제27조제7항에 따른 다른 공작물의 공사 또는 다른 공사를 준공한 때에는 지체 없이 해당 공작물 또는 공사의 준공조서·설계도 및 비용정산서를 갖추어 해당 공작물의 관리자 등에게 보내야 한다. 〈개정 2023. 12. 12.〉

⑤ 하천관리청은 법 제27조제8항에 따라 다음 각 호의 사항을 관보 또는 공보에 고시하여야 한다. 〈개정 2023. 12. 12.〉

1. 하천공사의 명칭
2. 하천공사의 목적 및 개요
3. 하천공사시행지역의 위치
4. 하천공사시행자의 명칭 및 주소
5. 하천공사의 착수 및 준공 연월일
6. 하천구역에 편입된 토지의 세목조서
7. 하천구역에 관한 축척 1천 5백분의 1 이상의 지적이 표시된 지형도면
8. 법 제84조제1항에 따른 폐천부지등의 발생 면적 및 보전·처분계획
9. 준공된 시설물의 관리에 관한 사항

제28조(하천공사의 대행) ① 법 제28조제1항에 따라 환경부장관이 대행할 수 있는 하천공사는 다음 각 호와 같다. 〈개정 2013. 3. 23., 2021. 12. 28.〉

1. 지방하천의 하천공사
2. 국가하천의 유지·보수공사

② 법 제28조제1항에 따라 환경부장관이 하천공사를 대행하려는 경우에는 제26조제1항제1호부터 제5호까지의 사항을 미리 해당 시·도지사에게 통지하여야 한다. 〈개정 2013. 3. 23., 2021. 12. 28.〉

③ 법 제28조제2항 전단 및 후단에서 “대통령령으로 정하는 정부투자기관”이란 각각 「한국수자원공사법」에 따른 한국수자원공사를 말한다.

④ 법 제28조제2항에 따라 환경부장관이 시·도지사 또는 제3항

에 따른 한국수자원공사로 하여금 대행하게 할 수 있는 하천공사는 다음 각 호와 같다. 〈개정 2009. 11. 16., 2013. 3. 23., 2021. 12. 28.〉

1. 재해복구공사

2. 시 · 도지사 또는 「공공기관의 운영에 관한 법률」에 따른 공공기관이 설치 · 관리하는 하천시설과 연계하여 시행할 하천공사

3. 법 제39조제1항에 따른 댐등의 운영 · 관리와 연계된 하천공사

4. 그 밖에 환경부장관이 국토의 지속가능한 발전, 지역경제 활성화, 지역특성 및 기술수준 등을 고려하여 필요하다고 인정하는 하천공사

⑤ 환경부장관이 제4항에 따른 공사를 대행하게 하려는 경우에는 다음 각 호의 사항을 미리 그 공사를 대행할 자에게 통지하여 그 의견을 들어야 한다. 〈개정 2013. 3. 23., 2021. 12. 28.〉

1. 제26조제1항제1호부터 제5호까지의 사항

2. 예산액(연차별자금투입계획과 재원조달계획을 포함한다)

⑥ 법 제28조제4항에 따라 환경부장관이 하천공사의 준공고시를 한 때에는 그 내용을 지체 없이 시 · 도지사에게 통지하여야 하고, 법 제28조제2항에 따라 하천공사를 대행한 자가 준공고시를 한 때에는 비용정산서와 준공고시 내용을 지체 없이 환경부장관에게 통지하여야 한다. 〈개정 2013. 3. 23., 2021. 12. 28.〉

⑦ 법 제28조제4항에 따른 고시에 관하여는 제27조제5항을 준용한다.

제29조(하천관리청이 아닌 자의 하천공사시행허가 등) ① 법 제30조제1항에 따라 하천관리청이 아닌 자가 하천공사나 하천의 유지 · 보수에 관한 허가를 받으려는 경우에는 환경부령으로 정하는 허가신청서를 하천관리청에 제출하여야 한다. 〈개정 2013. 3. 23., 2021. 12. 28.〉

② 법 제30조제1항 단서에서 "대통령령으로 정하는 경미한 사항"이란 하천의 구조에 영향을 주지 아니하는 하천의 일상적인 유지 ·

보수를 말한다.

제30조(공사비의 예치) ① 법 제30조제4항에 따라 하천관리청은 법 제30조제1항에 따른 허가신청자로 하여금 공사비에 상당하는 금액을 하천관리청이 지정하는 금융기관에 하천관리청과 허가신청자의 공동명의로 예치하게 하여야 한다.

② 제1항에도 불구하고 하천관리청은 법 제30조제4항에 따른 공사비를 다음 각 호의 보증서 등으로 하천관리청에 예치하게 할 수 있다. 〈개정 2009. 9. 21.〉

1. 「국가를 당사자로 하는 계약에 관한 법률 시행령」 제37조제2항 각 호에 따른 지급보증서 등

2. 국채, 지방채, 「공익사업을 위한 토지 등의 취득 및 보상에 관한 법률」 제69조에 따른 보상채권 또는 「한국토지주택공사법」에 따라 한국토지주택공사가 발행하는 공사채

③ 하천관리청은 법 제30조제1항에 따른 허가를 받은 자가 신청하면 제1항에 따른 예치금액을 해당 공사의 공정에 따라 인출할 수 있도록 하여야 한다.

제31조(하천공사실시계획의 인가신청 등) ① 법 제30조제1항에 따라 하천공사 또는 유지·보수의 허가를 받은 자는 허가받은 날부터 6개월 이내에 환경부령으로 정하는 바에 따라 법 제30조제5항에 따른 하천공사실시계획(이하 "하천공사실시계획"이라 한다)의 인가를 신청하여야 한다. 다만, 하천관리청은 부득이한 사유가 있다고 인정되는 경우에는 6개월의 범위에서 그 신청기한을 연장할 수 있다. 〈개정 2013. 3. 23., 2021. 12. 28.〉

② 하천공사실시계획에는 제26조제1항 각 호의 사항이 포함되어야 한다.

③ 하천공사실시계획의 인가를 받은 자가 그 인가받은 사항 중 다음 각 호의 어느 하나에 해당하지 아니하는 사항을 변경하려는 경우에는 법 제30조제5항 후단에 따라 변경인가를 받아야 한다.

1. 공사시행자의 주소 변경에 관한 사항

2. 공사시행자가 법인인 경우 대표자의 변경에 관한 사항

3. 사업시행구역 내에서의 착오 등에 따른 시행면적의 변경

4. 사업비의 변동이 따르지 아니하는 범위에서의 설비 및 시설의 변경

제32조(복합허가사항의 일괄처리 등) ① 법 제30조제1항, 법 제33조제1항 또는 법 제50조제1항에 따른 허가사항이 2개 이상 서로 중복되거나 관련되는 경우로서, 별표 2의 구분에 따른 주된 허가사항과 그와 중복 또는 관련되는 허가사항에 관한 권한이 해당 하천관리청에 속하는 경우에는 주된 허가사항에 그와 중복 또는 관련되는 허가사항을 포함하여 허가할 수 있다. 〈개정 2018. 6. 8., 2021. 12. 28.〉

② 별표 2의 구분에 따른 주된 허가사항에 관한 권한과 그와 중복 또는 관련되는 허가사항에 관한 권한이 제105조에 따라 서로 다른 기관에 속하게 된 경우에는 제105조에도 불구하고 주된 허가사항에 관한 권한을 가진 기관이 주된 허가사항에 그와 중복 또는 관련되는 허가사항을 포함하여 허가할 수 있다. 이 경우 주된 허가사항에 관한 권한을 가진 기관의 장은 그와 중복 또는 관련되는 허가사항에 관한 권한을 가진 기관의 장과 미리 협의하여야 한다.

제33조 삭제 〈2017. 7. 17.〉

제5장 하천의 점용 등

제34조(점용허가의 신청 등) ① 법 제33조제1항에 따른 허가(이하 "하천점용허가"라 한다)를 받으려는 자는 환경부령으로 정하는 하천점용허가신청서를 하천관리청에 제출(전자문서를 통한 제출을 포함한다)하여야 한다. 〈개정 2013. 3. 23., 2021. 12. 28.〉

② 법 제33조제1항 각 호 외의 부분 후단에서 "대통령령으로 정하는 중요한 사항"이란 다음 각 호의 사항을 말한다. 〈개정 2021. 1. 5.〉

1. 점용의 목적 및 면적

2. 토석 · 모래 또는 자갈의 채취량

3. 점용허가기간

4. 그 밖에 점용허가 시 따로 정한 사항

③ 하천관리청은 제1항에 따른 하천점용허가신청의 내용대로 허가하면 도로 · 철도 등 사회기반시설에 영향을 미칠 것으로 인정되는 경우에는 미리 관계 행정기관의 장과 협의하여야 한다.

제35조(하천의 점용행위 등) ① 법 제33조제1항제6호에서 "대통령령으로 정하는 행위"란 다음 각 호의 행위를 말한다. 〈개정 2009. 11. 16.〉

1. 죽목 · 갈대 · 목초 또는 수초 등을 채취하는 행위

2. 식물을 식재하는 행위

3. 선박을 운항하는 행위

4. 스케이트장, 유선장 · 도선장 및 계류장(유선장 · 도선장 및 계류장은 부유식인 경우로 한정한다)을 설치하는 행위

5. 「수상레저안전법」에 따른 수상레저기구를 이용한 수상레저사업 목적의 물놀이 행위

6. 하천관리청이 아닌 자가 하천을 점용하는 물건에 새로 하천의 보전에 영향을 미칠 수 있는 물건을 추가하는 행위

② 제1항제3호에서 "선박"이란 다음 각 호의 것을 말한다.

1. 「유선 및 도선사업법」에 따른 유선 및 도선

2. 「선박법」에 따른 부선

3. 정기적으로 운항하는 선박

4. 지정된 구간을 운항하는 선박

제36조(하천점용허가의 금지) ① 법 제33조제4항제1호에서 "대통령령으로 정하는 농약 또는 비료"란 다음 각 호의 어느 하나에 해당하는 것을 말한다.

1. 「농약관리법 시행령」 별표 1 제1호 중 급성독성의 정도가 Ⅰ급(맹독성) 또는 Ⅱ급(고독성)인 농약과 같은 표 제2호가목 중 미꾸라지에 대한 어독성이 Ⅰ급 또는 Ⅱs급인 농약

2. 「비료관리법 시행령」 별표 1에 따른 중금속의 위해성기준을 초과하는 비료

3. 「비료관리법」 제4조에 따라 고시된 비료의 공정규격에 퇴비의 원료로 사용하지 못하도록 규정되어 있는 물질을 사용하여 제조한 비료

② 법 제33조제4항제2호에서 "대통령령으로 정하는 골재채취 등 하천 및 하천관리시설을 훼손하거나 훼손할 우려가 있는 행위"란 다음 각 호의 어느 하나에 해당하는 행위를 말한다.

1. 퇴적구간을 우선 채취하여야 한다는 원칙에 위배되는 채취 행위

2. 하천 상류측에서 하류측으로 채취하거나 하천 양쪽 기슭[양안]에서 중심으로 채취하는 행위

3. 하천구역에 골재를 쌓아 두는 행위. 다만, 해당 하천관리청이 하천관리상 지장이 없다고 인정하여 허용한 범위에서는 채취한 골재를 쌓아 두거나 선별 또는 세척할 수 있다.

4. 평탄하게 골고루 채취하지 아니하여 웅덩이가 생기도록 채취하는 행위

5. 골재채취 후 하천 바닥에 남아 있는 토석을 정리하지 아니하고 방치하는 행위

③ 법 제33조제4항제4호 단서에서 "대통령령으로 정하는 행위"란 구조물의 구조 강도를 유지하기 위하여 불가피한 고정구조물을 설치하는 행위를 말한다.

④ 법 제33조제4항제5호에서 "대통령령으로 정하는 행위"란 다음 각 호의 행위를 말한다. 〈개정 2009. 11. 16., 2017. 9. 19.〉

1. 하천의 비탈면 및 바닥을 훼손할 우려가 있는 죽목·갈대·목초 또는 수초 등 식물을 채취하는 행위

2. 선박사고가 자주 발생하는 지역 또는 선박운항 구간이 중복되는 지역에서의 선박운항 행위 또는 물놀이 행위

3. 하천으로 통행하기 어렵게 하는 공작물을 설치하는 행위

4. 온실(비닐하우스를 포함한다) 및 이와 유사한 시설을 설치하는

행위
제37조(하천점용허가증 등) 하천관리청이 하천점용허가를 한 경우에는 환경부령으로 정하는 허가증을 신청인에게 발급하고, 허가대장에 기록하여 관리하여야 한다. 〈개정 2013. 3. 23., 2021. 12. 28.〉
제38조(하천점용허가의 고시) 하천관리청이 하천점용허가를 한 경우에는 다음 각 호의 사항을 관보 또는 공보에 고시하여야 한다.
1. 하천의 명칭
2. 점용자의 성명 및 주소(법인인 경우에는 법인의 명칭 및 주소와 대표자의 성명을 말한다)
3. 점용의 목적 및 개요
4. 점용지역의 위치 및 면적
5. 점용허가의 유효기간
제39조(기득하천사용자의 범위 등) ① 법 제34조제1항 각 호 외의 부분 본문에서 "대통령령으로 정하는 하천에 관한 권리를 가진 자"란 다음 각 호의 어느 하나에 해당하는 자[이하 "기득하천사용자"(旣得河川使用者)라 한다]를 말한다. 〈개정 2017. 9. 19., 2020. 8. 26.〉
1. 다음 각 목의 어느 하나에 해당하는 자
가. 법 제30조제1항에 따른 하천공사허가를 받은 자(다른 법령에 따라 하천공사허가를 받은 것으로 보는 자를 포함한다)
나. 하천점용허가를 받은 자(다른 법령에 따라 하천점용허가를 받은 것으로 보는 자를 포함한다)
다. 하천수사용허가를 받은 자
2. 어업권자·양식업권자·광업권자 또는 댐사용권자 등 다른 법률에 따라 하천에 관한 권리를 가진 자
② 하천관리청은 하천점용허가로 인하여 다음 각 호의 어느 하나에 해당하는 결과가 발생하여 기득하천사용자의 기존의 하천에 관한 권리행사가 현저히 곤란해지는 등 손실을 받게 됨이 명백한 경우에는 법 제34조제1항 본문에 따라 해당 하천점용허가 신청인으로 하여금 기득하천사용자의 동의를 얻도록 하여야 한다. 〈신설 2017.

9. 19.〉

1. 진출입 제한

2. 수질지표의 악화, 수생물종 또는 개체수의 감소 등 수질·수생태계 훼손

3. 하천의 수위 상승, 유수(流水) 소통 지장, 하천의 유실(流失)·세굴 등 하천의 안전성 저해

4. 그 밖에 제1호부터 제3호까지와 유사한 결과

③ 하천관리청은 하천점용허가 신청일부터 10일 이내에 동의를 받아야 하는 기득하천사용자를 정하고, 하천점용허가 신청자에게 다음 각 호의 사항을 통지하여야 한다. 〈신설 2017. 9. 19.〉

1. 기득하천사용자의 성명 및 전화번호

2. 다음 각 목의 구분에 따른 허가 또는 권리에 관한 사항

가. 기득하천사용자가 제1항제1호에 해당하는 경우: 해당 기득하천사용자의 허가

나. 기득하천사용자가 제1항제2호에 해당하는 경우: 해당 기득하천사용자의 권리

④ 하천관리청은 제3항에 따른 통지를 한 경우 그 사실을 해당 기득하천사용자에게 지체 없이 알려야 한다. 〈신설 2017. 9. 19.〉

⑤ 하천점용허가 신청자는 제3항에 따른 통지를 받은 날부터 환경부령으로 정하는 기간 내에 해당 기득하천사용자의 동의서를 하천관리청에 제출하여야 한다. 〈신설 2017. 9. 19., 2021. 12. 28.〉

[제목개정 2017. 9. 19.]

제40조(재결의 신청) 법 제35조제3항에 따라 손실보상에 관한 재결을 신청하려는 자는 다음 각 호의 사항을 재결신청서에 적어 관할 토지수용위원회에 제출하여야 한다.

1. 재결신청인 및 상대방의 성명·주소

2. 손실발생의 사실

3. 협의과정에서 재결신청인이 제시 또는 요구한 손실보상액과 상대방이 제시한 손실보상액의 명세

4. 협의의 경위

5. 그 밖에 재결에 참고가 될 사항

제41조(하천점용공사 대행 시의 준용규정) 법 제36조에 따른 하천관리청의 하천점용공사 대행에 관하여는 제27조를 준용한다.

제42조(점용료등의 징수) ① 법 제37조제1항에 따른 점용료등(이하 "점용료등"이라 한다)의 산정기준은 별표 3과 같다.

② 하천관리청은 하천점용허가를 받은 자로부터 매년 점용료등의 전액을 한 번에 징수하여야 한다. 다만, 점용료등이 50만원을 초과하는 경우(골재채취를 목적으로 하는 하천점용허가의 경우에는 그 채취기간이 6개월 이상인 경우만 해당한다)에는 남은 금액에 대하여 「국유재산법 시행령」 제30조제5항 후단에 따른 이자를 붙여 연 4회의 범위에서 특별시·광역시·특별자치시·도·특별자치도(이하 "시·도"라 한다)의 조례로 정하는 바에 따라 분할 납부하게 할 수 있다. 〈개정 2012. 4. 10., 2016. 6. 28., 2020. 7. 31.〉

③ 하천관리청은 해당 연도의 점용료등이 전년도의 점용료등보다 5퍼센트 이상 증가할 때에는 전년도보다 5퍼센트 증가된 금액으로 점용료등을 결정하여야 한다. 다만, 골재채취를 목적으로 하는 하천점용허가의 경우는 그러하지 아니하다. 〈개정 2010. 12. 20.〉

④ 제1항부터 제3항까지의 규정 외에 점용료등의 징수에 필요한 사항은 시·도의 조례로 정한다.

제43조(변상금의 징수) ① 하천관리청이 법 제37조제3항에 따른 변상금(이하 "변상금"이라 한다)을 징수하려는 경우에는 그 위반행위를 조사·확인한 후 시·도의 조례로 정하는 바에 따라 위반행위의 종류와 변상 금액 등을 적은 서면으로 변상금을 낼 것을 통지하여야 한다.

② 제1항에 따라 통지를 받은 자는 통지를 받은 날부터 20일 이내에 변상금을 내야 한다. 다만, 천재지변이나 그 밖의 부득이한 사유로 그 기간까지 변상금을 낼 수 없는 경우에는 그 사유가 없어진 날부터 7일 이내에 내야 한다.

③ 하천관리청은 하천점용허가를 받지 아니하고 하천을 점용 또는 사용한 기간에 대하여 변상금을 산정한다. 이 경우 그 기간이 2회계연도 이상에 걸쳐 있는 경우에는 각 회계연도별로 산출한 변상금을 합산한다.

④ 제1항부터 제3항까지의 규정 외에 변상금의 징수에 필요한 사항은 시·도의 조례로 정한다.

제44조(점용료등의 감면) ① 법 제37조제5항제1호에서 "공용·공공용, 그 밖의 공익을 목적으로 하는 비영리사업인 경우"란 다음 각 호의 어느 하나에 해당하는 경우를 말한다. 〈개정 2023. 12. 12.〉

1. 재해응급복구를 위한 경우

2. 하천관리청이 시행하는 하천공사(법 제28조에 따라 대행하는 경우를 포함한다), 그 밖에 하천관리를 위한 경우

3. 국가기관의 장 또는 시·도지사가 직접 시행하는 도로의 유지·보수 공사를 위한 경우

4. 국가 또는 지방자치단체에 귀속되는 공작물을 설치하는 경우

5. 「사립학교법」에 따른 학교법인이 사립학교를 설치·경영하는 경우

6. 「지방공기업법」 제49조에 따라 지하철도의 건설을 목적으로 설립된 법인이 비영리사업을 시행하는 경우

7. 군작전 또는 국가안보를 위한 경우

② 법 제37조제5항제2호에서 "대통령령으로 정하는 사업"이란 전기공급시설·전기통신시설·송유관·가스공급시설 또는 열수송시설을 설치하기 위한 사업을 말한다.

③ 법 제37조제5항에 따라 하천관리청은 다음 각 호의 기준에 따라 점용료등을 감면할 수 있다.

1. 법 제37조제5항제1호에 해당하는 경우: 전액 면제

2. 법 제37조제5항제2호에 해당하는 경우: 2분의 1 감면

3. 법 제37조제5항제3호에 해당하는 경우: 재해나 그 밖의 특별한 사정의 정도를 고려하여 하천관리청이 정하는 비율에 따라 감면

제45조(홍수관리구역 안에서의 행위허가) ① 법 제38조제1항 각 호 외의 부분 본문에 따라 홍수관리구역 안에서의 행위허가를 받으려는 자는 환경부령으로 정하는 신청서를 하천관리청에 제출(전자문서를 통한 제출을 포함한다)하여야 한다. 〈개정 2013. 3. 23., 2016. 6. 28., 2021. 12. 28.〉

② 하천관리청은 제1항에 따른 허가신청서의 내용이 철도시설 등 주요 국가시설에 영향을 미치는 것으로 인정되는 경우에는 허가를 하기 전에 미리 관계 행정기관의 장과 협의하여야 한다.

③ 법 제38조제1항 각 호 외의 부분 단서에서 "대통령령으로 정하는 경미한 행위"란 다음 각 호의 행위를 말한다. 〈개정 2016. 6. 28., 2019. 2. 8.〉

1. 수해 등 천재지변으로 손괴된 공작물의 원상복구 행위
2. 삭제 〈2019. 2. 8.〉
3. 농지의 개량 및 경작 행위
4. 홍수관리구역의 지정고시 당시 관계 법률에 따라 인가·허가 등을 받은 행위

④ 법 제38조제1항에 따른 홍수관리구역 안에서의 행위허가에 관하여는 제37조를 준용한다. 〈개정 2016. 6. 28.〉

[제목개정 2016. 6. 28.]

제46조(재해발생의 방지 및 경감에 필요한 시설의 설치) ① 법 제39조제1항 각 호의 시설(이하 "댐등"이라 한다)의 설치자 또는 관리자는 댐등의 상류에 있는 하천의 하상 매몰(埋沒), 수위상승 또는 댐등으로의 유입량의 증가로 재해발생의 우려가 있는 때에는 그 상황에 따라 필요한 조치를 해야 한다. 〈개정 2019. 2. 8.〉

② 댐등의 설치자 또는 관리자는 댐등의 하류에 유량이 현저히 증가하거나 물을 흘려보낼 곳의 수위 또는 해면이 상승하여 댐등에 가두어 둔 물을 방류하는 경우 재해가 발생할 우려가 있을 때에는 적절한 방식으로 그 증가유량을 조절하여 재해가 발생하지 않도록 해야 한다. 〈개정 2019. 2. 8.〉

③ 댐등의 설치자 또는 관리자는 댐등으로 인한 재해발생을 예방하기 위하여 다음 각 호의 조치를 해야 한다. 〈개정 2019. 2. 8.〉

1. 사이렌 및 스피커 방송 등을 위한 경보시설의 사전 설치 및 운용

2. 제2항에 따라 방류하려는 때의 경보

3. 제2항에 따라 방류하려는 때의 관계 기관에 대한 통지 및 그 밖에 필요한 조치

4. 제2항에 따른 방류시기 및 그 밖에 필요한 사항의 공고

제47조 삭제 〈2017. 7. 17.〉

제48조(댐 저수의 방류) 법 제41조제1항에 따라 댐등의 설치자 또는 관리자가 댐의 저수를 방류하려는 때에는 다음 각 호의 사항에 대하여 환경부장관의 승인을 받아야 한다. 〈개정 2013. 3. 23., 2018. 6. 8., 2019. 2. 8.〉

1. 방류량

2. 방류 시작 시각

3. 방류기간

제6장 하천환경의 보전·관리

제49조(보전지구 등의 지정기준) ① 하천관리청은 법 제44조제1항에 따른 보전지구를 다음 각 호의 하천구역 내에 지정할 수 있다. 〈개정 2009. 11. 16.〉

1. 하천의 자연생태계 유지를 위하여 보전가치가 큰 하천구역

2. 수량이 풍부하고 수질이 양호하여 용수공급, 주민의 건강에 미치는 영향이 큰 하천구역

3. 특이한 경관·지형 또는 지질을 가진 하천구역

4. 다양한 하천생태계를 대표할 수 있거나 표본이 될 수 있는 하천구역

5. 중요하고 고유한 역사적·문화적 가치가 있는 하천구역

6. 제1호부터 제5호까지의 하천구역 외에 하천관리청이 보전할

필요가 있다고 인정하는 하천구역

② 하천관리청은 제1항에 따라 지정된 보전지구 또는 제1항 각 호의 어느 하나에 해당하는 하천구역이 인간의 간섭이나 자연재해 등으로 훼손 또는 파괴되어 자연·역사·문화적 가치의 보전을 위하여 복원할 필요가 있는 경우 그 하천구역 내에 법 제44조제1항에 따른 복원지구를 지정할 수 있다.

③ 하천관리청은 다음 각 호의 어느 하나에 해당하는 하천구역 내에 법 제44조제1항에 따른 친수지구를 지정할 수 있다. 이 경우 친수지구의 지정 범위는 하천의 자연성 및 생태환경을 보전하기 위하여 최소로 하여야 한다.

1. 직간접적인 친수활동을 목적으로 하천점용허가를 받아 상거래 행위를 하는 하천구역

2. 전통적으로 친수활동이 활발하게 이루지고 있는 하천구역

3. 그 밖에 하천관리청이 친수지구로 지정할 필요가 있다고 인정하는 하천구역

④ 법 제44조제1항에 따른 보전지구·복원지구 및 친수지구의 지정기준 등에 관한 세부적인 사항은 관계 중앙행정기관의 장과 협의하여 환경부장관이 정한다. 〈개정 2013. 3. 23., 2021. 12. 28.〉

제50조(보전지구 등의 지정) ① 하천관리청은 법 제44조제1항에 따른 보전지구·복원지구 및 친수지구를 하천기본계획 수립 시에 지정하려는 경우에는 하천기본계획에 해당 지구 및 그 범위와 지적이 표시된 축척 5천분의 1 이상의 지형도면을 작성하여 첨부하여야 한다.

② 법 제44조제1항에 따라 하천기본계획에 보전지구·복원지구 및 친수지구의 지정에 관한 사항이 포함되어 있는 경우에는 하천관리청이 하천기본계획을 고시하는 때에 보전지구·복원지구 또는 친수지구가 지정된 것으로 본다.

제51조(낚시 등의 금지지역 지정 등) ① 시·도지사가 법 제46조제6호 각 목에 따른 행위를 금지하는 지역(이하 "금지지역"이라 한다)

을 지정하려는 경우에는 다음 각 호의 사항을 고려하여야 한다.

1. 하천의 이용 목적
2. 하천오염원의 현황
3. 하천의 수질오염도
4. 하천 인근 지역의 쓰레기 발생 및 처리 현황
5. 서식어류의 종류 등 수중생태계의 현황

② 시·도지사는 금지지역을 지정한 경우에는 다음 각 호의 사항을 시·도의 공보에 공고하여야 한다. 〈개정 2016. 6. 28., 2016. 12. 30.〉

1. 금지지역의 지정 목적, 위치 및 금지 내용
2. 낚시의 기간 및 방법 등 낚시행위의 제한에 관한 사항(낚시행위 금지지역인 경우만 해당한다)
3. 금지사항을 위반한 자에 대한 과태료에 관한 사항
4. 금지지역에서 발생하는 쓰레기의 처리방법

③ 시·도지사는 제2항에 따라 공고된 금지지역의 양측과 중간지점에 공고 내용을 알리는 안내판을 설치하여야 한다.

제51조의2(하천의 흐름에 지장을 주거나 하천을 오염시키는 행위) 법 제46조제7호에서 "대통령령으로 정하는 행위"란 다음 각 호의 행위를 말한다. 〈개정 2016. 6. 28.〉

1. 하천에 비닐 등 농자재 및 농기구를 버리거나 방치하는 행위
2. 하천에 그물 등 어구 및 선박을 버리거나 방치하는 행위

[본조신설 2009. 11. 16.]

제52조(하천의 사용금지 등) ① 하천관리청은 법 제47조제1항에 따른 하천의 사용금지 또는 사용제한(이하 "사용금지등"이라 한다)을 알리는 표지를 대상 구간의 양측과 중간지점에 설치하고, 그 내용을 해당 지역에서 발간되는 일간신문, 인터넷 홈페이지, 방송이나 그 밖의 효과적인 방법으로 공고해야 한다. 〈개정 2020. 11. 24.〉

② 하천관리청은 제1항에 따라 공고를 한 때에는 지체 없이 다음 각 호의 자에게 공고 내용을 통지하여야 한다.

1. 사용금지등을 한 구간에 대하여 하천점용허가를 받은 자

2. 사용금지등을 한 구간에 대하여 하천수사용허가를 받은 자

제53조(원상회복비용의 예치) ① 하천관리청은 법 제48조제4항에 따른 원상회복에 드는 비용에 상당하는 금액을 다음 각 호의 기준에 따라 산정하여 법 제30조, 법 제33조 또는 법 제50조에 따른 허가신청자로 하여금 하천관리청이 지정하는 금융기관에 하천관리청과 허가신청인의 공동명의로 예치하게 하여야 한다. 〈개정 2016. 6. 28.〉

1. 토석·모래·자갈 또는 하천산출물의 채취, 스케이트장의 설치, 그 밖에 하천점용으로 사후정리가 필요한 경우: 점용료의 100분의 30

2. 공작물의 신축·개축·변경과 토지의 굴착·성토·절토, 그 밖의 형질 변경인 경우: 원상복구에 드는 실제 비용

② 제1항에도 불구하고 허가신청인은 제30조제2항 각 호의 보증서 등을 하천관리청에 예치할 수 있다. 이 경우 보증서 등의 예치기간은 허가기간이 끝난 후 6개월까지로 하고, 허가기간이 연장된 경우에는 연장된 허가기간이 끝난 후 6개월까지로 한다.

③ 하천관리청은 하천을 원상으로 회복하였거나 원상으로 회복시킬 필요가 없다고 인정되는 경우에는 제1항에 따른 예치금을 반환하여야 한다.

제7장 하천수의 사용 및 분쟁조정

제54조(용수배분의 우선순위) 법 제49조제2항에 따른 용수배분은 생활용수, 공업용수, 농업용수, 그 밖의 용수 순서대로 하되, 그 밖의 용수 간의 우선순위는 법 제53조제3항에 따른 하천수조정협의회에서 조정하는 바에 따른다.

제55조(하천수의 사용허가 및 변경 등) ① 법 제50조제1항에 따라 하천수의 사용허가를 받으려는 자는 환경부령으로 정하는 신청서를 환경부장관에게 제출하여야 한다. 〈개정 2013. 3. 23., 2016. 6.

28., 2018. 6. 8.〉

② 법 제50조제1항 후단에서 "대통령령으로 정하는 중요한 사항"이란 다음 각 호의 사항을 말한다.

1. 하천수의 사용목적
2. 하천수의 사용기간
3. 하천수의 취수지점 및 취수시설
4. 취수허가 사용량
5. 허가 시 별도로 붙인 사항

③ 환경부장관은 하천수사용허가를 한 경우에는 환경부령으로 정하는 바에 따라 신청인에게 허가증을 발급하고, 허가대장에 기록하여 관리하여야 한다. 〈개정 2013. 3. 23., 2018. 6. 8.〉

④ 환경부장관은 하천수사용허가를 한 경우에는 다음 각 호의 사항을 관보에 고시하여야 한다. 〈개정 2013. 3. 23., 2018. 6. 8.〉

1. 하천수사용허가의 명칭
2. 사용자의 성명 및 주소(법인인 경우에는 법인의 명칭 및 주소와 대표자의 성명을 말한다)
3. 하천수 사용의 목적 및 개요
4. 하천수 취수지역의 위치 및 허가량
5. 하천수사용허가의 유효기간

제55조의2(일시적 하천수의 사용신고 등) ① 법 제50조의2제1항에 따라 하천수의 사용신고를 하려는 자는 환경부령으로 정하는 신고서를 환경부장관에게 제출하여야 한다. 〈개정 2018. 6. 8.〉

② 제1항에 따른 신고서를 제출받은 환경부장관은 신고인에게 신고증을 발급하고, 그 사실을 신고대장에 기록하여 관리하여야 한다. 〈개정 2018. 6. 8.〉

[본조신설 2016. 6. 28.]

제56조(하천수의 보전) ①법 제50조제3항제4호에서 "대통령령으로 정하는 경우"란 다음 각 호의 경우를 말한다. 〈개정 2009. 11. 16.〉

1. 취수목적 또는 취수능력에 비하여 하천수사용허가의 신청량이

지나치게 많은 경우

2. 해당 하천에 대하여 허가되어 있는 하천수사용 유량의 합에 허가하려는 하천수사용 유량을 합산할 경우 하천수 사용허가의 기준이 되는 유량을 초과하거나 법 제51조제1항에 따른 하천유지유량(이하 "하천유지유량"이라 한다)이 부족한 경우

3. 취수신청지점의 하류에서 하천수를 사용하는 기득하천사용자의 권리를 침해하게 되어 기득하천사용자의 동의를 받지 못한 경우

4. 용수의 재활용 등으로 하천수의 현저한 감소가 예상되는 경우

② 제1항제2호에 따른 하천수 사용허가의 기준이 되는 유량은 환경부장관이 정하여 고시한다. 〈신설 2009. 11. 16., 2013. 3. 23., 2018. 6. 8.〉

제57조(하천수사용료의 산정 및 징수) ① 법 제50조제5항에 따른 하천수 사용료(이하 "하천수사용료"라 한다)는 환경부장관이 같은 조 제1항에 따라 허가한 1일 하천수 허가수량에 부과기간과 용도별 단가를 곱하여 산정한다.

② 제1항에도 불구하고 시·도지사는 하천수의 사용량을 확인할 수 있는 계측시설을 갖춘 하천수 사용자의 신청이 있는 경우에는 실제 하천수의 사용량에 용도별 단가를 곱하여 사용료를 산정할 수 있다. 이 경우 시·도지사는 실제 하천수 사용량을 기준으로 하천수 사용료를 산정한 경우에는 이를 환경부장관에게 알려야 한다.

③ 제1항 및 제2항에 따른 하천수사용료의 용도별 단가는 별표 3의2와 같다.

④ 시·도지사는 하천수 사용자로부터 매년 하천수사용료를 한 번에 징수해야 한다. 다만, 하천수사용료가 50만원을 초과하는 경우에는 남은 금액(분할 납부 대상 하천수사용료 중 1회 납부 금액을 뺀 나머지 금액을 말한다)에 「국유재산법 시행령」 제30조제5항 후단에 따른 이자를 붙여 연 4회의 범위에서 시·도의 조례로 정하는 바에 따라 분할 납부하게 할 수 있다. 〈개정 2020. 7. 31.〉

⑤ 제1항부터 제4항까지에서 규정한 사항 외에 하천수사용료의

산정과 징수에 필요한 사항은 시·도의 조례로 정한다.

[전문개정 2020. 1. 21.]

제58조(하천수사용료의 감면) ① 법 제50조제9항에 따른 하천수사용료의 감면에 관하여는 제44조제3항을 준용한다.

② 제1항에도 불구하고 다음 각 호의 경우에는 하천수사용료를 면제한다. 〈개정 2009. 11. 16., 2009. 12. 15., 2017. 9. 19.〉

1. 하천관리청이 제56조제2항에 따른 하천수사용허가의 기준이 되는 유량범위에서 소관 하천의 유지·보수 등 하천관리를 목적으로 하천수를 사용하는 경우

2. 하천수 사용자가 「한국수자원공사법」 제16조에 따라 한국수자원공사에 사용료를 내는 경우

3. 하천수 사용자가 「농어촌정비법」 제23조에 따라 한국농어촌공사에 용수사용료를 내는 경우

제59조(기준지점의 선정 등) ① 환경부장관은 하천유지유량을 산정하려는 경우에는 미리 관계 행정기관의 장과 협의하여야 한다. 〈개정 2013. 3. 23., 2018. 6. 8.〉

② 환경부장관은 법 제51조제2항에 따른 기준지점(이하 "기준지점"이라 한다)을 지정하려는 경우에는 다음 각 호의 지점을 고려하여 기준지점을 지정하여야 한다. 〈개정 2013. 3. 23., 2018. 6. 8.〉

1. 수량 및 수질관리의 기준이 될 수 있는 지점

2. 과거부터 관측된 수문자료가 충분하고, 유량관측이 지속적으로 실시되고 있는 지점

3. 하천유수를 많이 사용하고 있는 지점

4. 해수위의 변화에 영향을 받지 아니하는 지점

5. 댐·하구둑 등 유수를 가두어 두는 구역이 아닌 지점

6. 하천유지유량이 하천시설에 따라 지속적으로 유지될 수 있는 지점

7. 하천시설의 설치로 하천수의 새로운 확보 계획이 있는 지점

③ 삭제 〈2009. 11. 16.〉

④ 환경부장관은 하천유지유량을 정한 경우에는 현재 확보가 가능한 양과 새로 확보가 필요한 양을 구분하여 다음 각 호의 사항을 고시하여야 한다. 고시한 하천유지유량을 변경한 경우에도 또한 같다. 〈개정 2013. 3. 23., 2018. 6. 8.〉

1. 하천의 권역 · 수계 · 명칭 및 등급
2. 기준지점의 명칭 및 위치
3. 하천유지유량
4. 그 밖에 하천유지유량의 지정에 필요한 사항

제60조(하천수 사용자의 범위) 법 제52조제1항에서 "대통령령으로 정하는 하천수 사용자"란 다음 각 호의 자를 말한다.

1. 1일 1천 세제곱미터 이상의 공업용수를 취수하는 자
2. 1일 5천 세제곱미터 이상의 생활용수를 취수하는 자
3. 1일 8천 세제곱미터 이상의 농업용수를 취수하는 자

제61조(허가수량의 조정 등) 환경부장관은 법 제53조제1항에 따라 허가수량을 조정한 경우에는 제55조제3항에 따른 허가증 및 허가대장에 그 내용을 기록하고 관보에 고시하여야 한다. 〈개정 2013. 3. 23., 2018. 6. 8.〉

제62조(하천수조정협의회의 구성) ① 법 제53조제3항에 따른 하천수조정협의회(이하 "조정협의회"라 한다)는 관할 홍수통제소에 두고, 위원장 1명을 포함한 20명 이내의 위원으로 구성한다.

② 위원장은 관할 홍수통제소장이 되고, 위원은 위원장이 다음 각 호의 자 중에서 임명하거나 위촉한다. 〈개정 2019. 2. 8.〉

1. 하천관리청 또는 홍수통제소 소속 일반직공무원
2. 수자원개발 · 하천 · 도시 · 환경 · 법률 또는 경제에 관한 학식과 경험이 풍부한 자
3. 다음 각 목의 어느 하나에 해당하는 자
   가. 하천구역의 하천수 사용권리자
   나. 하천구역의 하천수 사용과 관련 있는 이해관계자

다. 시민단체의 관계자로서 관할 시·도지사가 추천하는 자

4. 댐등의 설치자 또는 관리자가 추천하는 자

5. 위원장이 하천수 사용과 이해관계가 있다고 인정하는 자

③ 위원장은 협의회를 대표하고 협의회의 직무를 총괄한다. 다만, 위원장이 부득이한 사유로 직무를 수행할 수 없을 때에는 위원장이 미리 정한 위원이 그 직무를 대행한다.

제63조(조정협의회의 기능) 조정협의회는 다음 각 호의 사항을 심의한다.

1. 하천수의 조정 및 배분에 관한 사항

2. 조정협의회의 운영에 관한 사항

3. 그 밖에 하천수의 조정에 관한 사항으로서 위원장이 회의에 부치는 사항

제64조(간사) ① 조정협의회의 사무를 처리하기 위하여 조정협의회에 간사 1명을 둔다.

② 조정협의회의 간사는 위원장이 소속된 기관의 공무원 중에서 위원장이 지정하는 자가 된다.

제65조(회의) ① 조정협의회의 회의는 위원장이 소집한다.

② 조정협의회의 회의는 재적위원 과반수의 출석으로 개의하고, 출석위원 과반수의 찬성으로 의결한다.

③ 제1항에 따라 회의를 소집할 때에는 회의개최 10일 전에 위원에게 회의 일정을 알려야 한다.

제66조(회의록) ① 조정협의회의 간사는 회의록을 작성·관리하여야 한다.

② 제1항의 회의록에는 회의의 일시, 장소, 조정 내용, 그 밖의 사항을 적어야 한다.

제67조(수당 및 여비) 조정협의회에 참석하는 위원에게는 예산의 범위에서 수당과 여비 등을 지급할 수 있다. 다만, 공무원인 위원이 그 소관 업무와 직접 관련하여 회의에 참석하는 경우에는 그러하지 아니하다.

제68조(운영세칙) 이 영에 정한 것 외에 조정협의회의 구성과 운영에 필요한 사항은 환경부장관이 정한다. 〈개정 2013. 3. 23., 2018. 6. 8.〉

제69조(조정신청) 법 제54조제1항에 따라 하천수사용에 관한 분쟁의 조정을 신청하려는 자는 환경부령으로 정하는 신청서에 당사자간의 교섭 경위에 관한 서류와 그 밖에 분쟁조정에 참고가 될 수 있는 서류를 첨부하여 「수자원의 조사·계획 및 관리에 관한 법률」 제29조에 따른 국가수자원관리위원회(이하 "국가수자원관리위원회"라 한다)에 제출하여야 한다. 〈개정 2013. 3. 23., 2017. 7. 17., 2018. 6. 8.〉

제70조(감정 등의 의뢰) 제69조에 따른 신청서를 받은 국가수자원관리위원회는 필요한 경우에는 관계 전문기관에 감정·진단·시험 등을 의뢰할 수 있다. 〈개정 2017. 7. 17.〉

제71조(의견청취의 절차) 국가수자원관리위원회가 법 제54조제7항에 따라 당사자 또는 관계 전문가의 의견을 들으려는 경우에는 회의개최 7일 전까지 서면으로 당사자 또는 관계 전문가에게 알려야 한다. 〈개정 2017. 7. 17.〉

제72조(비용의 부담) ① 법 제57조제1항에 따른 분쟁조정을 위한 조사·용역 등의 비용은 다음 각 호와 같다.

1. 감정·진단·시험 등에 든 비용
2. 증인 또는 증거의 채택에 든 비용
3. 검사 및 조사에 든 비용
4. 녹음·속기·통역 등 조정에 든 비용

② 국가수자원관리위원회는 법 제57조제2항에 따라 비용을 예치하게 하려는 경우에는 예치금액, 명세, 장소 및 기한 등을 정하여 서면으로 분쟁조정신청자에게 알려야 한다. 〈개정 2017. 7. 17.〉

③ 국가수자원관리위원회는 분쟁조정신청자가 제2항에 따른 예치기한까지 비용을 예치하지 아니하는 경우에는 법 제54조에 따른 하천수분쟁조정의 신청에 대한 조정을 보류할 수 있다. 〈개정 2017.

7. 17.〉

④ 국가수자원관리위원회는 법 제55조에 따라 분쟁조정의 거부 또는 중지를 통지하거나 법 제56조제1항에 따라 조정안을 제시한 때에는 그 통지 또는 제시를 한 날부터 5일 내에 분쟁조정비용을 정산하여 분쟁조정신청자에게 서면으로 알려야 한다. 〈개정 2017. 7. 17.〉

제8장 하천에 관한 비용과 수익

제73조(하천에 관한 비용과 수익의 범위) ① 법 제58조에 따른 하천공사 및 하천의 유지ㆍ보수 등에 관한 비용은 다음 각 호와 같다.

1. 하천공사에 필요한 비용
2. 하천의 유지ㆍ보수에 필요한 비용
3. 하천에 관한 조사ㆍ측량 및 설계에 필요한 비용
4. 하천공사 등에 필요한 용지의 매수 및 보상에 필요한 비용
5. 하천의 유지ㆍ보수에 필요한 공작물이나 이에 지장을 주는 물건의 매수ㆍ이전 및 보상에 필요한 비용
6. 법 제76조 또는 법 제77조에 따른 손실보상에 필요한 비용
7. 그 밖에 하천의 관리에 드는 비용

② 법 제58조에 따른 하천으로부터 생기는 수익은 다음 각 호와 같다.

1. 점용료등
2. 법 제48조제3항에 따라 국유화ㆍ공유화된 공작물 또는 그 밖의 물건의 처분금
3. 법 제85조에 따라 양여된 폐천부지등의 처분금
4. 삭제 〈2016. 7. 19.〉
5. 그 밖에 하천의 관리ㆍ운영에 따른 수익

제74조(시ㆍ도의 비용부담) ① 법 제61조제1항 및 같은 조 제2항에 따라 환경부장관이 시ㆍ도에 부담시킬 수 있는 비용은 다음 각 호의 기준에 따른다. 〈개정 2013. 3. 23., 2021. 12. 28.〉

1. 법 제59조에 따라 하천에 관한 비용을 국고에서 부담한 경우로서 해당 하천이 있는 시·도에 부담시키는 경우: 그 비용의 4분의 1 이내

2. 법 제60조에 따라 하천에 관한 비용을 국고에서 부담한 경우: 그 비용의 3분의 1 이내

3. 법 제61조제2항에 따라 하천공사 또는 하천의 유지·보수로 이익을 받는 다른 시·도에 부담시키는 경우: 그 비용의 4분의 1 이내

② 환경부장관은 제1항 따라 하천공사 또는 하천의 유지·보수 비용의 일부를 부담시키려는 경우에는 그 부담금액에 대하여 행정안전부장관과 협의하여야 한다. 〈개정 2013. 3. 23., 2014. 11. 19., 2017. 7. 26., 2021. 12. 28.〉

③ 법 제61조제2항에 따라 하천공사나 하천의 유지·보수 비용의 일부를 다른 시·도에 부담시키려는 시·도지사는 하천명, 하천공사명, 공사금액 및 부담시킬 금액 등을 명시한 요청서를 환경부장관에게 제출하여야 한다. 〈개정 2013. 3. 23., 2021. 12. 28.〉

④ 환경부장관은 제3항에 따른 요청이 정당하다고 인정되는 경우에는 서면(전자문서를 포함한다)으로 그 이익을 받는 다른 시·도에 그 비용의 부담을 통지하여야 한다. 이 경우 제3항에 따른 요청서의 사본을 첨부하여야 한다. 〈개정 2013. 3. 23., 2021. 12. 28.〉

제75조(시·군·구의 비용부담) ① 법 제61조제3항에 따라 시·도지사가 시·군·구에 부담시킬 수 있는 비용은 제74조제1항에 따라 시·도지사가 부담한 비용의 4분의 1 이내로 한다. 〈개정 2012. 4. 10.〉

② 법 제61조제3항에 따라 시·도지사가 시·군·구에 비용을 부담시키려는 경우에는 하천명, 하천공사명, 공사금액 및 부담시킬 금액 등을 정하여 서면(전자문서를 포함한다)으로 알려야 한다.

제76조(비용보조의 범위) ① 법 제64조제2호에서 "대통령령으로 정하는 하천공사"란 다음 각 호의 어느 하나에 해당하는 공사를 말한다. 〈개정 2009. 11. 16.〉

1. 재해복구를 위한 하천공사
2. 지방하천의 정비공사
3. 저류지 · 홍수조절지 및 방수로의 설치공사
4. 삭제 〈2009. 11. 16.〉

② 법 제64조제3호에서 "그 밖에 대통령령으로 정하는 사항"이란 하천기본계획의 수립을 말한다.

제77조(수입금사용의 기준 등) ① 법 제66조에 따라 지방자치단체는 수입금을 다음 각 호의 비용으로 사용하되, 제1호 및 제2호에 우선적으로 사용하여야 한다. 〈개정 2017. 7. 17.〉

1. 하천의 유지 · 보수비
2. 하천구역 안의 편입토지에 대한 보상금
3. 지방하천의 하천기본계획 수립과 하천시설 관리대장을 작성 · 관리하는데에 드는 비용
4. 하천수입 또는 폐천부지등의 관리대장을 작성 · 관리하는 데에 드는 비용
5. 폐천부지등의 관리 및 처분에 소요되는 비용
6. 하천공사비
7. 그 밖에 하천관리에 드는 비용

② 지방자치단체는 하천에서 생기는 수입금을 징수하거나 사용한 경우에는 수입금의 징수 현황 및 사용 명세를 환경부령으로 정하는 바에 따라 환경부장관에게 제출하여야 한다. 〈개정 2013. 3. 23., 2016. 6. 28., 2021. 12. 28.〉

③ 환경부장관은 제2항에 따라 제출받은 자료를 기초로 하여 수입금의 징수 및 하천의 유지 · 보수비에의 사용률 등을 평가할 수 있으며, 그 결과를 법 제64조제1호에 따른 국가하천의 유지 · 보수 비용 보조에 반영할 수 있다. 〈신설 2016. 6. 28., 2021. 12. 28.〉

제78조(잘못 납부된 부담금 등의 반환에 따른 이자) 법 제68조에서 "대통령령으로 정하는 이자"란 「국유재산법 시행령」 제73조에 따른 이자를 말한다. 〈개정 2009. 7. 27.〉

제9장 감독

제79조(점용물 등의 보관 및 처리 등) ① 하천관리청은 법 제73조 제1항에 따라 점용물 등을 제거한 경우에는 환경부령으로 정하는 바에 따라 그 점용물 등의 소유자 또는 관리자가 쉽게 그 점용물 등의 보관 장소 등을 알 수 있도록 조치하여야 한다. 〈개정 2013. 3. 23., 2021. 12. 28.〉

② 하천관리청은 제1항에 따른 점용물 등을 보관한 경우에는 환경부령으로 정하는 바에 따라 그 하천관리청의 게시판·인터넷 등에 일정기간 공고하고, 제거한 점용물 등의 목록을 작성·비치하여 관계자가 열람할 수 있도록 하여야 한다. 〈개정 2013. 3. 23., 2021. 12. 28.〉

③ 하천관리청은 제2항에 따른 공고기간이 지나도 점용물 등의 소유자 또는 관리자를 알 수 없는 경우에는 제2항에 따라 공고한 사항을 일간신문과 인터넷에 다시 공고하여야 한다. 다만, 일간신문에 공고할 만한 재산적 가치가 없다고 인정되는 경우에는 인터넷에 공고하여야 한다.

④ 하천관리청은 제1항에 따른 점용물 등을 보관할 경우 닳아 없어지거나 변질 또는 파괴 등의 우려가 있는 경우에는 그 점용물 등을 매각하여 그 대금을 보관할 수 있다. 이 경우 그 보관의 공고에 관하여는 제2항 및 제3항을 준용한다.

⑤ 제4항에 따라 점용물 등을 매각한 경우에는 다음 각 호의 어느 하나에 해당하는 경우 외에는 「국가를 당사자로 하는 계약에 관한 법률」 또는 「지방자치단체를 당사자로 하는 계약에 관한 법률」에 따른 경쟁입찰로 하여야 한다.

1. 경쟁입찰에 부쳐도 응찰자가 없을 것으로 인정되는 경우
2. 재산적 가치가 희소한 경우 등 경쟁입찰이 적당하지 아니하다고 인정되는 경우

제80조(점용물 등의 반환 등) ① 하천관리청은 보관한 점용물 등(매각대금을 포함한다. 이하 같다)을 소유자 또는 관리자에게 반환하려

는 경우에는 환경부령으로 정하는 반환신청서를 받은 후 반환신청자가 정당한 권리자인지 확인하여야 한다. 〈개정 2013. 3. 23., 2021. 12. 28.〉

② 하천관리청이 제1항에 따라 점용물 등을 반환하려는 경우에는 점용물 등의 제거·운반·보관 또는 매각 등에 든 비용을 소유자 또는 관리자로부터 징수할 수 있다.

제81조(미반환 점용물 등의 귀속) 하천관리청은 「민법」 제253조에 규정된 기간 내에 점용물 등의 소유자 또는 관리자를 알 수 없거나 반환요구가 없을 때에는 그 점용물 등을 하천관리청이 환경부장관인 경우에는 국고에, 시·도지사인 경우에는 해당 시·도에 귀속시킬 수 있다. 〈개정 2013. 3. 23., 2021. 12. 28.〉

제82조(하천관리상황의 점검 등) ① 법 제74조제1항에 따라 하천관리청은 환경부령으로 정하는 기한까지 다음 각 호의 사항에 대한 점검을 실시하고 필요한 조치를 해야 한다. 〈개정 2024. 8. 13.〉

1. 제방·호안(湖岸) 등의 유지상태
2. 제방에 딸린 수문 등 공작물의 정비상태
3. 하천수의 흐름에 지장을 주는 각종 장애물의 현황
4. 하천의 불법점용 상황
5. 그 밖에 수해예방 등 하천관리에 필요한 사항

② 법 제74조제2항에 따라 하천관리청은 제1항제4호의 사항에 대하여 집중 점검을 실시하고 필요한 조치를 해야 한다. 〈신설 2024. 8. 13.〉

③ 국가하천을 관리하는 하천관리청은 제1항 및 제2항에 따른 점검 및 집중 점검을 실시하는 경우 해당 지역을 관할하는 시·도지사에게 필요한 자료의 제출 또는 현장의 확인 등을 요구할 수 있다. 이 경우 시·도지사는 특별한 이유가 없으면 이에 따라야 한다. 〈신설 2024. 8. 13.〉

④ 하천관리청은 제1항 및 제2항에 따른 점검·집중 점검사항 및 조치결과를 환경부령으로 정하는 바에 따라 환경부장관에게 통지하

여야 한다. 〈개정 2013. 3. 23., 2021. 12. 28., 2024. 8. 13.〉

[제목개정 2024. 8. 13.]

제10장 보칙

제83조(재결의 신청) 법 제76조제3항(법 제77조제1항에 따라 준용되는 경우를 포함한다)에 따른 재결의 신청에 관하여는 제40조를 준용한다.

제84조(매수절차) ① 법 제79조제1항에 따라 토지등(이하 "토지등"이라 한다)의 매수를 청구하려는 자(이하 "매수청구인"이라 한다)는 환경부령으로 정하는 매수청구서를 하천관리청에 제출하여야 한다. 〈개정 2013. 3. 23., 2016. 7. 19., 2021. 12. 28.〉

② 제1항에 따른 매수청구를 받은 하천관리청은 제85조에 따른 매수대상토지등의 판정기준(이하 "매수기준"이라 한다)에 해당되는지를 판단하여 매수대상 여부와 매수대상인 경우 그 예상가격을 매수청구인에게 통보하여야 한다. 〈개정 2016. 7. 19.〉

③ 법 제80조제1항에 따른 매수예상가격(이하 "매수예상가격"이라 한다)은 매수청구 당시의 「지방세법」 제4조에 따른 시가표준액으로 한다. 다만, 시가표준액이 없는 경우에는 대상 물건과 인근지역 내 유사 물건의 거래사례를 비교하여 산정한다. 〈개정 2016. 7. 19.〉

④ 하천관리청은 제2항에 따라 매수예상가격을 통보한 경우에는 2인 이상의 감정평가법인등(「감정평가 및 감정평가사에 관한 법률」에 따른 감정평가법인등을 말한다. 이하 같다)에게 매수대상토지등에 대한 감정평가를 의뢰하여 「공익사업을 위한 토지 등의 취득 및 보상에 관한 법률」에 따른 산정방법 등을 준용하여 매수가격을 결정한다. 〈개정 2016. 7. 19., 2016. 8. 31., 2022. 1. 21.〉

⑤ 하천관리청은 제4항에 따라 감정평가를 의뢰하려는 경우에는 감정평가를 의뢰하기 1개월 전까지 감정평가를 의뢰한다는 사실을 매수청구인에게 통지하여야 한다.

⑥ 하천관리청은 제4항에 따라 매수가격을 결정한 때에는 즉시

이를 매수청구인에게 통보하여야 한다.

제85조(매수대상토지등의 판정기준) 법 제79조제1항에 따른 매수대상토지등(이하 "매수대상토지등"라 한다)의 판정기준은 다음 각 호의 기준에 따른다. 이 경우 토지등의 효용감소, 사용·수익의 불가능 등에 대하여 본인의 귀책사유가 없어야 한다. 〈개정 2016. 7. 19.〉

1. 종래의 용도대로 사용할 수 없어 그 효용이 현저히 감소한 토지등: 매수청구 당시 하천구역 지정 이전의 지목(매수 청구인이 하천구역 지정 이전에 적법하게 지적공부상의 지목과 다르게 사용하고 있었음을 공적자료로 증명하는 경우에는 하천구역 지정 이전의 실제 용도를 지목으로 본다)대로 사용할 수 없는 토지와 그 위의 건축물 및 그 밖에 그 토지에 정착된 물건일 것

2. 사용·수익이 사실상 불가능한 토지등 : 법 제33조 및 법 제46조에 따른 행위제한으로 사용·수익이 불가능한 토지와 그 위의 건축물 및 그 밖에 그 토지에 정착된 물건일 것

[제목개정 2016. 7. 19.]

제86조(매수기한) 법 제80조제2항에서 "대통령령으로 정하는 기간"이란 매수청구인에게 매수대상토지로 통보한 날부터 3년을 말한다.

제87조 삭제 〈2016. 7. 19.〉

제88조(감정평가비용의 납부고지 등) ① 하천관리청은 법 제81조제2항 본문에 따라 감정평가 등에 드는 비용 중 감정평가비용 전부를 매수청구인에게 부담하게 할 수 있다.

② 하천관리청은 제1항에 따른 감정평가비용을 부담하게 하려는 경우에는 매수청구를 철회한 날부터 7일 이내에 다음 각 호의 사항이 포함된 납부고지서를 매수청구인에게 발부하여야 한다.

1. 토지소유자의 성명 및 주소(법인인 경우에는 명칭·소재지 및 대표자의 성명을 말한다)

2. 매수대상토지의 지번 및 그 면적

3. 납부통지금액

4. 납부기한

5. 감정평가비용의 산출명세서

6. 납부고지사유

③ 제2항에 따른 납부고지서를 받은 매수청구인은 그 고지를 받은 날부터 1개월 이내에 고지된 감정평가비용을 하천관리청에 내야 한다.

제89조(비율) 법 제81조제2항제1호에서 "대통령령으로 정하는 비율"이란 100분의 30을 말한다. 〈개정 2016. 7. 19.〉

제90조(손실보상업무 등의 위임 또는 위탁) ① 법 제82조제1항에서 "대통령령으로 정하는 정부투자기관"이란 다음 각 호의 기관을 말한다. 〈개정 2009. 6. 26., 2009. 9. 21., 2024. 8. 13.〉

1. 「한국토지주택공사법」에 따른 한국토지주택공사

2. 삭제 〈2009. 9. 21.〉

3. 「한국수자원공사법」에 따른 한국수자원공사

4. 「한국농어촌공사 및 농지관리기금법」에 따른 한국농어촌공사

5. 「환경정책기본법」 제59조에 따른 한국환경보전원

② 법 제82조제2항에 따른 위임 또는 위탁수수료의 요율은 별표 4와 같다.

[제목개정 2024. 8. 13.]

제91조(폐천부지등의 교환) ① 하천관리청은 법 제85조제1항에 따라 폐천부지등을 교환하려는 경우에는 새로 하천구역으로 되거나 이미 하천구역으로 편입된 토지의 현황·지적 및 수리상황 등을 고려하여야 한다.

② 환경부장관은 법 제84조제1항에 따른 폐천부지등을 다음 각 호의 가격을 기준으로 교환하여야 한다. 〈개정 2013. 3. 23., 2021. 12. 28., 2024. 8. 13.〉

1. 폐천부지등의 가격은 교환 당시의 가격

2. 새로 하천구역으로 된 토지 및 하천구역에 이미 편입된 토지는 다음 각 호의 어느 하나에 해당하는 가격

가. 편입 당시의 토지가격에 교환 시까지의 「부동산 거래신고

등의 법률 시행령」 제17조제1항에 따른 지가변동률에 따른 지가변동치(이하 "지가변동치"라 한다)를 가산한 금액

나. 인근에 위치한 편입 당시의 토지와 유사한 토지의 교환 당시의 가격

제92조(폐천부지등의 양여) ① 법 제85조제1항에 따라 환경부장관은 다음 각 호의 순위에 따라 폐천부지등을 양여한다. 〈개정 2013. 3. 23., 2021. 12. 28.〉

1. 제1순위: 하천으로 편입되기 전의 당초의 토지소유자로서 그 토지에 대한 보상을 받지 아니하였거나 폐천부지등을 교환받지 아니한 자

2. 제2순위: 법 제28조 및 법 제30조에 따라 공사를 시행한 자

3. 제3순위: 국가하천의 유지ㆍ보수를 시행하는 시ㆍ도지사

② 제1항제1호에 따른 당초의 토지소유자에게는 당초 토지가격에 상당한 폐천부지등을 양여한다. 이 경우 폐천부지등의 가격과 당초 토지의 가격은 다음 각 호의 기준에 따라 산정한다.

1. 폐천부지등의 가격은 양여 당시의 가격

2. 당초 토지의 가격은 편입 당시의 토지가격에 양여 시까지의 지가변동치를 가산한 금액 또는 인근에 위치한 편입 당시의 토지와 유사한 토지의 양여 당시의 가격

③ 제1항제2호에 따른 공사의 시행자에게는 그 공사비에 상당하는 폐천부지등을 양여한다. 이 경우 폐천부지등의 가격과 공사비는 다음 각 호의 가격에 따라 산정한다. 〈개정 2016. 6. 28., 2022. 1. 21.〉

1. 폐천부지등의 가격은 공사준공 당시의 감정평가법인등의 감정평가액을 기준으로 하되, 공사의 시행자가 해당 폐천부지등에 유익비를 지출하여 폐천부지등의 가격이 상승한 경우에는 그 증가분을 감정가격에서 뺄 것. 다만, 하천공사로 발생한 폐천부지등의 가격이 공사비에 못 미치는 것이 명백한 때에는 인근에 위치한 유사토지의 공시지가 등에 따라 산정한 가격을 기준으로 한다.

2. 공사비는 공사준공 당시 「국가를 당사자로 하는 계약에 관한 법률 시행령」 제9조 또는 「지방자치단체를 당사자로 하는 계약에 관한 법률 시행령」 제10조에 따라 산출한 금액

제93조 삭제 〈2017. 7. 17.〉

제94조 삭제 〈2017. 7. 17.〉

제94조의2 삭제 〈2017. 7. 17.〉

제94조의3 삭제 〈2017. 7. 17.〉

제95조 삭제 〈2017. 7. 17.〉

제96조 삭제 〈2017. 7. 17.〉

제97조 삭제 〈2017. 7. 17.〉

제98조 삭제 〈2017. 7. 17.〉

제99조 삭제 〈2017. 7. 17.〉

제100조 삭제 〈2017. 7. 17.〉

제101조 삭제 〈2017. 7. 17.〉

제102조(협회설립인가의 공고) 환경부장관은 법 제88조제1항에 따른 협회(이하 "협회"라 한다)의 설립을 인가한 경우에는 목적, 명칭, 주된 사무소의 소재지 및 사업에 관한 사항을 관보에 공고하여야 한다. 〈개정 2013. 3. 23., 2021. 12. 28.〉

제103조(정관 기재사항 등) 협회의 정관에는 다음 각 호의 사항이 포함되어야 한다.

1. 목적
2. 명칭
3. 주된 사무소의 소재지
4. 사업
5. 회원의 자격
6. 임원 및 직원
7. 총회 및 이사회
8. 재정 및 회계
9. 정관의 변경

제104조(협회의 감독) ① 환경부장관은 협회의 업무를 감독한다. 〈개정 2013. 3. 23., 2021. 12. 28.〉

② 환경부장관은 협회에 대하여 지도·감독상 필요한 경우에는 그 업무에 관한 사항을 보고 또는 자료의 제출이나 그 밖에 필요한 사항을 명할 수 있다. 〈개정 2013. 3. 23., 2021. 12. 28.〉

제105조(권한의 위임) ① 법 제92조제1항에 따라 환경부장관의 권한 중 다음의 권한을 시·도지사에게 위임한다. 〈개정 2009. 12. 30., 2010. 12. 20., 2013. 3. 23., 2016. 6. 28., 2021. 12. 28., 2023. 12. 12.〉

1. 국가하천(제2호에 해당하는 국가하천은 제외한다)에 관한 다음 각 목의 권한

가. 법 제5조제2항에 따른 권리·의무의 승계에 관한 신고의 접수(시·도지사가 허가한 사항만 해당한다)

나. 법 제33조제1항제1호·제5호 및 제6호에 따른 하천점용허가 및 그 점용허가의 고시

다. 법 제36조제1항에 따른 점용공사의 대행 및 같은 조 제2항에 따른 공사기간의 통지(시·도지사가 허가한 사항만 해당한다)

라. 법 제38조에 따른 홍수관리구역 안에서의 행위허가

마. 법 제48조에 따른 원상회복명령, 원상회복의무의 면제, 공작물 등의 국유화 및 원상회복비용의 예치(시·도지사가 허가한 사항만 해당한다)

바. 법 제50조제6항에 따른 지하수 채취 관련 사용료 징수

사. 법 제68조에 따른 잘못 납부된 부담금 등의 반환(시·도지사가 부과한 것만 해당한다)

아. 법 제69조에 따른 법령위반자 등에 대한 처분 등(시·도지사가 허가에 관한 권한을 위임받은 사항만 해당한다)

자. 법 제70조에 따른 처분 또는 조치의 명령(시·도지사가 허가한 사항만 해당한다)

차. 법 제73조에 따른 점용물 등의 제거, 보관, 처리 및 그 밖

에 필요한 조치

카. 법 제75조에 따른 타인의 토지에의 출입 등(시 · 도지사가 허가에 관한 권한을 위임받은 사항만 해당한다)

타. 삭제 〈2016. 7. 19.〉

파. 법 제90조에 따른 보고 및 출입 등(시 · 도지사가 허가에 관한 권한을 위임받은 사항만 해당한다)

하. 법 제91조에 따른 청문(시 · 도지사가 허가한 사항만 해당한다)

거. 삭제 〈2016. 7. 19.〉

너. 법 제98조제3항제1호 · 제6호 및 제7호에 따른 과태료의 부과 · 징수(시 · 도지사가 권한을 위임받은 사항만 해당한다)

2. 안성천 · 삽교천 · 만경강 · 동진강 · 탐진강 · 태화강 및 형산강 수계에 속하는 국가하천에 관한 다음 각 목의 권한. 다만, 환경부장관이 유역관리 또는 긴급재해 복구 등을 위하여 필요하다고 인정하여 고시한 하천공사에 대한 나목부터 바목까지, 너목 및 더목의 권한은 제외한다.

가. 법 제5조제2항에 따른 권리 · 의무의 승계에 관한 신고의 접수(시 · 도지사가 허가한 사항만 해당한다)

나. 법 제27조제1항 및 제3항에 따른 하천공사시행계획의 수립 · 변경 및 이의 고시

다. 법 제27조제6항 본문에 따른 하천공사

라. 법 제27조제7항에 따른 하천공사 및 하천의 유지 · 보수

마. 법 제27조제8항에 따른 하천공사의 준공고시

바. 법 제32조제3항에 따른 관계 행정기관의 장과의 협의(나목에 따라 하천공사시행계획을 수립 · 변경하여 고시한 경우만 해당한다)

사. 법 제33조제1항제1호 · 제5호 및 제6호에 따른 하천점용허가 및 그 점용허가의 고시

아. 법 제36조제1항에 따른 점용공사의 대행 및 같은 조 제2항

에 따른 공사기간의 통지(시 · 도지사가 허가한 사항만 해당한다)

자. 법 제38조에 따른 홍수관리구역 안에서의 행위허가

차. 법 제48조에 따른 원상회복명령, 원상회복의무의 면제, 공작물 등의 국유화 및 원상회복비용의 예치(시 · 도지사가 허가한 사항만 해당한다)

카. 법 제50조제6항에 따른 지하수 채취 관련 사용료 징수

타. 법 제68조에 따른 잘못 납부된 부담금 등의 반환(시 · 도지사가 부과한 것만 해당한다)

파. 법 제69조에 따른 법령위반자 등에 대한 처분 등(시 · 도지사가 허가에 관한 권한을 위임받은 사항만 해당한다)

하. 법 제70조에 따른 처분 또는 조치의 명령(시 · 도지사가 허가한 사항만 해당한다)

거. 법 제73조에 따른 점용물 등의 제거, 보관, 처리 및 그 밖에 필요한 조치

너. 법 제75조에 따른 타인의 토지에의 출입 등(시 · 도지사가 권한을 위임받은 사항만 해당한다)

더. 법 제78조에 따른 토지등의 수용 · 사용(하천공사를 하는 경우로 한정한다)

러. 삭제 〈2016. 7. 19.〉

머. 법 제90조에 따른 보고 및 출입 등(시 · 도지사가 허가에 관한 권한을 위임받은 사항만 해당한다)

버. 법 제91조에 따른 청문(시 · 도지사가 허가한 사항만 해당한다)

서. 삭제 〈2016. 7. 19.〉

어. 법 제98조제3항제1호 · 제6호 및 제7호에 따른 과태료의 부과 · 징수(시 · 도지사가 권한을 위임받은 사항만 해당한다)

3. 지방하천에 있어서 법 제85조에 따른 폐천부지등의 교환 및 양여(폐천부지등이 국유인 토지만 해당한다)

② 법 제92조제1항에 따라 환경부장관의 권한 중 다음 각 호의 권한을 유역환경청장 또는 지방환경청장(같은 수계를 2개 이상의 유

역환경청 또는 지방환경청이 관할하는 경우 제1호자목·카목 및 제3호의 권한에 관하여는 가장 긴 구간을 관할하는 유역환경청장 또는 지방환경청장을 말하고, 제2호의 권한에 관하여는 해당 지방하천이 2개 이상의 유역환경청 또는 지방환경청의 경계에 위치하는 경우에는 환경부장관이 지정하는 유역환경청장 또는 지방환경청장을 말한다)에게 위임한다. 〈개정 2009. 12. 30., 2010. 12. 20., 2012. 4. 10., 2013. 3. 23., 2016. 6. 28., 2016. 7. 19., 2017. 7. 17., 2021. 12. 28., 2023. 12. 12.〉

1. 국가하천에 관한 다음 각 목의 권한

가. 법 제5조제2항에 따른 권리·의무의 승계에 관한 신고의 접수(유역환경청장 또는 지방환경청장이 허가하거나 승인한 사항만 해당한다)

나. 법 제6조제1항에 따른 협의 또는 승인(사업시행자가 중앙행정기관의 장인 경우는 제외한다)

다. 법 제6조제2항에 따른 권리의 설정이나 그 밖의 처분에 관한 협의 또는 승인(사업시행자가 중앙행정기관의 장인 경우는 제외한다)

라. 법 제10조제1항에 따른 하천구역의 결정·변경·폐지 및 이의 고시

마. 삭제 〈2016. 6. 28.〉

바. 삭제 〈2023. 12. 12.〉

사. 법 제12조에 따른 홍수관리구역의 지정·변경·폐지 및 이의 고시

아. 법 제14조제1항에 따른 하천시설 관리규정의 제정 및 같은 조 제2항에 따른 하천시설 관리규정의 승인

자. 법 제15조제1항에 따른 하천시설관리대장의 작성 및 보관

차. 법 제21조의2제1항에 따른 하상변동조사의 실시

카. 삭제 〈2017. 7. 17.〉

타. 법 제27조제1항에 따른 하천공사시행계획의 수립·변경 및

이의 고시

파. 법 제27조제6항 본문에 따른 국가하천의 하천공사 및 같은 항 단서에 따른 국가하천의 유지·보수

하. 법 제27조제7항에 따른 하천공사 및 하천의 유지·보수

거. 법 제27조제8항에 따른 하천공사의 준공고시

너. 법 제28조제1항 및 제2항에 따른 하천공사의 대행 및 그 대행공사의 준공고시

더. 법 제29조에 따른 공사원인자에 대한 공사시행명령

러. 법 제30조제1항에 따른 하천공사나 하천의 유지·보수 허가, 같은 조 제2항에 따른 협의 및 같은 조 제3항에 따른 통지

머. 법 제30조제4항에 따른 공사비의 예치명령

버. 법 제30조제5항 및 제6항에 따른 실시계획의 인가·변경인가 및 이의 고시(하천수에 관한 실시계획은 제외한다)

서. 법 제30조제7항 및 제8항에 따른 준공인가 및 이에 필요한 검사의 의뢰(유역환경청장 또는 지방환경청장이 허가에 관한 권한을 위임받은 사항만 해당한다)

어. 법 제30조제10항에 따른 복합허가

저. 법 제32조제3항에 따른 관계 행정기관의 장과의 협의

처. 법 제33조제1항제2호(다목적댐은 제외한다)·제3호(다목적댐 및 하구둑은 제외한다) 및 제4호에 따른 하천점용의 허가, 같은 조 제5항·제6항·제8항에 따른 권한

커. 법 제36조제1항에 따른 하천점용공사의 대행 및 그 공사기간의 통지(유역환경청장 또는 지방환경청장이 허가한 사항만 해당한다)

터. 법 제37조제1항에 따른 점용료등의 징수 및 같은 조 제3항에 따른 변상금의 징수

퍼. 법 제47조에 따른 하천의 사용금지 또는 사용제한, 이의 공고 및 표지의 설치

허. 법 제48조제1항에 따른 원상회복명령 및 원상회복의무의

면제, 같은 조 제2항에 따른 통지, 같은 조 제3항에 따른 공작물 등의 국유화, 같은 조 제4항에 따른 원상회복비용의 예치(유역환경청장 또는 지방환경청장이 허가에 관한 권한을 위임받은 사항만 해당한다)

고. 법 제61조제1항 및 제2항에 따른 시ㆍ도에 대한 비용부담 명령

노. 법 제68조에 따른 잘못 납부된 부담금 등의 반환(유역환경청장 또는 지방환경청장이 부과한 것만 해당한다)

도. 법 제69조에 따른 허가 또는 승인의 취소 등 처분(유역환경청장 또는 지방환경청장이 허가 또는 승인에 관한 권한을 위임받은 사항만 해당한다)

로. 법 제70조제1항에 따른 처분 또는 조치의 명령(유역환경청장 또는 지방환경청장이 허가 또는 승인한 사항만 해당한다) 및 이의 통지

모. 법 제74조에 따른 하천관리상황의 점검 등

보. 법 제75조에 따른 타인의 토지에의 출입 등(유역환경청장 또는 지방환경청장이 허가 또는 승인에 관한 권한을 위임받은 사항만 해당한다)

소. 법 제78조에 따른 토지등의 수용ㆍ사용(하천공사를 하는 경우로 한정한다)

오. 법 제79조에 따른 토지등의 매수 등

조. 법 제84조에 따른 폐천부지등의 고시 및 활용

초. 법 제85조에 따른 폐천부지등의 교환 및 양여

코. 법 제90조에 따른 보고 및 출입 등(유역환경청장 또는 지방환경청장이 허가 또는 승인에 관한 권한을 위임받은 사항만 해당한다)

토. 법 제91조에 따른 청문(유역환경청장 또는 지방환경청장이 허가 또는 승인한 사항만 해당한다)

포. 법 제98조제2항에 따른 과태료의 부과ㆍ징수(법 제46조제7

호를 위반하여 금지행위를 한 경우만 해당한다)

호. 법 제98조제3항제1호·제6호 및 제7호에 따른 과태료의 부과·징수(유역환경청장 또는 지방환경청장이 허가 또는 승인에 관한 권한을 위임받은 사항만 해당한다)

2. 법 제9조제2항에 따른 하천의 관리청 및 관리방법의 결정·통보 및 같은 조 제4항에 따른 통지의 접수

3. 법 제25조에 따른 하천기본계획의 수립·변경 및 이의 고시

③ 법 제92조제1항에 따라 환경부장관의 권한 중 다음 각 호의 권한을 관할 홍수통제소장에게 위임한다. 〈개정 2009. 11. 16., 2009. 12. 30., 2010. 12. 20., 2013. 3. 23., 2016. 6. 28., 2017. 7. 17., 2018. 6. 8.〉

1. 법 제5조제2항에 따른 권리·의무의 승계에 관한 신고의 접수(홍수통제소장이 허가한 사항만 해당한다)

2. 법 제6조제1항에 따른 협의 또는 승인(홍수통제소장이 허가에 관한 권한을 위임받은 사항만 해당하며, 사업시행자가 중앙행정기관의 장인 경우는 제외한다)

3. 법 제6조제2항에 따른 협의 또는 승인(홍수통제소장이 허가에 관한 권한을 위임받은 사항만 해당하며, 사업시행자가 중앙행정기관의 장인 경우는 제외한다)

4. 법 제14조제5항에 따른 홍수방지 등을 위한 조치명령

5. 삭제 〈2017. 7. 17.〉

6. 삭제 〈2017. 7. 17.〉

7. 삭제 〈2017. 7. 17.〉

8. 삭제 〈2017. 7. 17.〉

9. 삭제 〈2017. 7. 17.〉

10. 삭제 〈2017. 7. 17.〉

11. 삭제 〈2018. 6. 8.〉

12. 삭제 〈2018. 6. 8.〉

13. 삭제 〈2018. 6. 8.〉

14. 삭제 〈2017. 7. 17.〉

15. 법 제39조제3항에 따른 댐등의 관리 및 수문에 관한 기록의 제출요구

16. 삭제 〈2017. 7. 17.〉

17. 법 제41조에 따른 홍수조절을 위한 조치에 관한 권한

18. 삭제 〈2017. 7. 17.〉

19. 삭제 〈2018. 6. 8.〉

20. 법 제50조제1항에 따른 하천수의 사용허가, 같은 조 제2항에 따른 통보, 같은 조 제3항에 따른 제한

20의2. 법 제50조의2제1항에 따른 일시적 하천수의 사용신고, 같은 조 제2항에 따른 제한·조정·사용중지 및 같은 조 제3항에 따라 준용되는 법 제50조제2항의 통보

21. 법 제51조에 따른 하천유지유량의 산정 등에 관한 권한

22. 법 제52조제2항에 따른 방류수량에 관한 자료의 제출요청, 같은 조 제3항에 따른 하천수 사용계획·사용실적의 접수 및 같은 조 제5항에 따른 하천수 사용실적의 평가

23. 법 제53조에 따른 하천수 사용의 조정에 관한 권한

24. 법 제68조에 따른 잘못 납부된 부담금 등의 반환(홍수통제소장이 부과한 것만 해당한다)

25. 법 제69조에 따른 허가의 취소 등 처분(홍수통제소장이 허가에 관한 권한을 위임받은 사항만 해당한다)

26. 법 제70조에 따른 처분 또는 조치의 명령(홍수통제소장이 허가한 사항만 해당한다)

27. 법 제75조에 따른 타인의 토지에의 출입 등에 관한 권한(홍수통제소장이 허가에 관한 권한을 위임받은 사항만 해당한다)

27의2. 삭제 〈2017. 7. 17.〉

28. 삭제 〈2016. 7. 19.〉

29. 법 제90조에 따른 보고 및 출입 등에 관한 권한(홍수통제소장이 허가 또는 승인에 관한 권한을 위임받은 사항만 해당한다)

30. 법 제91조에 따른 청문(홍수통제소장이 허가한 사항만 해당한다)

31. 법 제98조제3항제1호·제6호 및 제7호에 따른 과태료의 부과·징수(홍수통제소장이 허가에 관한 권한을 위임받은 사항만 해당한다)

32. 법 제98조제3항제3호 및 제5호에 따른 과태료의 부과·징수

제105조의2(권한의 위임에 따른 조정) ① 시·도지사가 제105조제1항제2호나목에 따라 하천공사시행계획을 수립할 경우에는 사전에 관할 유역환경청장 또는 지방환경청장으로부터 하천기본계획에의 적합 여부에 대한 의견을 들어 반영하여야 한다. 〈개정 2021. 12. 28.〉

② 시·도지사는 제105조제1항제2호나목부터 마목까지의 권한을 행사한 경우 환경부장관이 정하는 바에 따라 그 결과를 10일 이내에 관할 유역환경청장 또는 지방환경청장에게 보고하여야 한다. 〈개정 2013. 3. 23., 2021. 12. 28.〉

[본조신설 2009. 12. 30.]

제106조(위탁기관) 법 제92조제3항에 따라 환경부장관은 같은 항 각 호에 따른 업무를 다음 각 호의 기관에 위탁할 수 있다. 이 경우 환경부장관은 수탁기관 및 수탁업무를 고시하여야 한다. 〈개정 2013. 3. 23., 2021. 12. 28.〉

1. 「한국수자원공사법」에 따른 한국수자원공사

2. 「과학기술분야 정부출연연구기관 등의 설립·운영 및 육성에 관한 법률」에 따른 한국건설기술연구원

3. 협회

제106조의2 삭제 〈2020. 3. 3.〉

제11장 벌칙

제107조(과태료의 부과기준) 법 제98조제4항에 따른 과태료의 부과기준은 별표 5와 같다.

[전문개정 2011. 4. 4.]

부칙 <제20763호, 2008. 4. 3.>

제1조 (시행일) 이 영은 2008년 4월 7일부터 시행한다.

제2조 (점용료 등의 징수에 관한 경과조치) 이 영 시행 전의 하천점용허가에 대한 점용료 등의 징수에 있어서는 종전의 규정에 따른다.

제3조 (다른 법령의 개정) ① 골재채취법 시행령 일부를 다음과 같이 개정한다.

제2조제1항제1호 중 "「하천법」 제2조의 규정에 의한 하천구역"을 "「하천법」 제2조제2호에 따른 하천구역"으로 한다.

제25조의2제1항 후단 중 "연안구역"을 "홍수관리구역"으로 한다.

② 금강수계 물관리 및 주민지원 등에 관한 법률 시행령 일부를 다음과 같이 개정한다.

제3조제2항 각 호 외의 부분 중 "「하천법」 제2조제1항제2호의 규정에 의한 하천구역"을 "「하천법」 제2조제2호에 따른 하천구역"으로 하고, 같은 항 제1호 중 "「하천법」 제14조의 규정에 의한 하천대장"을 "「하천법」 제15조제1항에 따른 하천시설에 대한 관리대장"으로 한다.

③ 낙동강수계 물관리 및 주민지원 등에 관한 법률 시행령 일부를 다음과 같이 개정한다.

제3조제2항 각 호 외의 부분 중 "「하천법」 제2조제1항제2호의 규정에 의한 하천구역"을 "「하천법」 제2조제2호에 따른 하천구역"으로 하고, 같은 항 제1호 중 "「하천법」 제14조의 규정에 의한 하천대장"을 "「하천법」 제15조제1항에 따른 하천시설에 대한 관리대장"으로 한다.

④ 농어촌정비법 시행령 일부를 다음과 같이 개정한다.

제26조제1항제2호 중 "「하천법」 제2조제1항제1호에 따른 하천"을 "「하천법」 제2조제1호에 따른 하천"으로 한다.

⑤ 댐건설및주변지역지원등에관한법률시행령 일부를 다음과 같이

개정한다.

제3조제2항 중 “하천법 제11조의 규정에 의한 수자원장기종합계획”을 “「하천법」 제23조에 따른 수자원장기종합계획”으로 한다.

제48조제2항제1호를 다음과 같이 한다.

1. 법 제45조제1항제1호의 권한 중 「하천법 시행령」 제35조제1항제3호에 따른 선박운항허가와 그에 부대하는 「하천법」 제33조제1항 각 호의 허가"로 한다.

⑥ 민방위기본법 시행령 일부를 다음과 같이 개정한다.

제55조제4항제2호 중 “「하천법」 제22조에 따른 댐등의 설치자”를 “「하천법」 제39조제1항에 따른 댐등의 설치자”로 한다.

⑦ 법인세법 시행령 일부를 다음과 같이 개정한다.

제92조의6제1항제11호를 다음과 같이 한다.

11. 「하천법」에 따른 홍수관리구역 안의 임야

⑧ 산지관리법 시행령 일부를 다음과 같이 개정한다.

제32조의2제1항제2호마목을 다음과 같이 한다.

마. 「하천법」 제7조제1항에 따른 하천

⑨ 소득세법 시행령 일부를 다음과 같이 개정한다.

제168조의9제1항제12호를 다음과 같이 한다.

12. 「하천법」에 따른 홍수관리구역 안의 임야

⑩ 수도법 시행령 일부를 다음과 같이 개정한다.

제12조제1항제6호 본문 중 “「하천법」 제2조제1항제2호에 따른 하천구역”을 “「하천법」 제2조제2호에 따른 하천구역”으로 한다.

⑪ 습지보전법 시행령 일부를 다음과 같이 개정한다.

제11조제1항제4호를 다음과 같이 한다.

4. 「하천법」 제33조제1항 및 같은 법 제50조에 따른 허가대상 점용

⑫ 영산강·섬진강수계 물관리 및 주민지원 등에 관한 법률 시행령 일부를 다음과 같이 개정한다.

제4조제2항 각 호 외의 부분 중 “「하천법」 제2조제1항제2호의 규

정에 의한 하천구역"을 "「하천법」 제2조제2호에 따른 하천구역"으로 하고, 같은 항 제1호 중 "「하천법」 제14조의 규정에 의한 하천대장"을 "「하천법」 제15조제1항에 따른 하천시설에 대한 관리대장"으로 한다.

⑬ 원자력법 시행령 일부를 다음과 같이 개정한다.

제297조의8제2항제3호를 다음과 같이 한다.

3. 「하천법」 제2조제3호에 따른 하천시설 중 댐 및 하구둑

⑭ 자연재해대책법시행령 일부를 다음과 같이 개정한다.

제15조제1호나목을 다음과 같이 한다.

나. 「하천법」 제2조제3호에 따른 하천시설 중 제방

제18조제2호가목 중 "「하천법 시행령」 제11조의2의 규정에 의한 홍수범람위험지도"를 "「하천법」 제21조제1항 및 제5항에 따른 홍수위험지도"로 한다.

제21조제4호를 다음과 같이 한다.

4. 「하천법」 제7조제1항에 따른 국가하천의 수문

제55조제2호 중 "「하천법」 제2조제1항제3호의 규정에 의한 하천부속물"을 "「하천법」 제2조제3호에 따른 하천시설"로 한다.

⑮ 자연환경보전법 시행령 일부를 다음과 같이 개정한다.

제16조제1항제5호 중 "「하천법」 제25조제1항 각 호의 어느 하나"를 "「하천법」 제33조제1항 각 호의 어느 하나"로 한다.

⑯ 장사등에관한법률시행령 일부를 다음과 같이 개정한다.

제14조제2항제4호를 다음과 같이 한다.

4. 「하천법」 제10조에 따라 결정·고시된 하천구역

⑰ 재난 및 안전관리 기본법 시행령 일부를 다음과 같이 개정한다.

제43조제1항제2호 중 "「하천법」 제2조제1항제3호의 규정에 의한 하천부속물"을 "「하천법」 제2조제3호에 따른 하천시설"로 한다.

⑱ 지방세법 시행령 일부를 다음과 같이 개정한다.

제132조제2항제5호사목을 다음과 같이 한다.

사. 「하천법」 제12조에 따라 홍수관리구역으로 고시된 지역 안

의 임야

⑲ 하천구역편입토지보상에관한특별조치법시행령 일부를 다음과 같이 개정한다.

제8조제3항 중 "하천법 제30조의 규정에 의한 비관리청"을 "「하천법」 제30조에 따른 하천관리청이 아닌 자"로 한다.

제11조제1항 중 "하천법 제33조제1항제2호의 규정에 의한 토지점용허가신청"을 "하천법 제33조제1항제1호에 따른 토지점용의 허가신청"으로 한다.

제12조제1항 중 "하천법 제78조의 규정에 의하여"를 "「하천법」 제85조에 따라"로 하고, 같은 조 제2항 중 "하천법시행령 제56조제1항제1호 및 제2호의 규정에 의한 순위"를 "「하천법 시행령」 제92조제1항제1호 및 제2호에 따른 순위"로 한다.

⑳ 행정권한의 위임 및 위탁에 관한 규정 일부를 다음과 같이 개정한다.

제29조제2항제75호를 다음과 같이 한다.

75. 「하천법」 제32조제3항에 따른 하천공사시행계획의 수립, 하천공사실시계획의 인가 또는 수문조사시설설치계획의 수립에 관한 협의"로 한다.

제4조 (다른 법령과의 관계) 이 영 시행 당시 다른 법령에서 종전의 「하천법 시행령」 또는 그 규정을 인용하고 있는 경우에 이 영 중 그에 해당하는 규정이 있으면 종전의 규정을 갈음하여 이 영 또는 이 영의 해당 규정을 인용한 것으로 본다.

부칙 〈제21565호, 2009. 6. 26.〉 (한국농어촌공사 및 농지관리기금법 시행령)

제1조(시행일) 이 영은 2009년 6월 30일부터 시행한다. 다만, · · · 〈생략〉 · · · 부칙 제3조는 공포한 날부터 시행한다.

제2조 생략

제3조(다른 법령의 개정) ① 부터 ㊸ 까지 생략

㊹ 하천법 시행령 일부를 다음과 같이 개정한다.

제90조제1항제4호를 다음과 같이 한다.

4. 「한국농어촌공사 및 농지관리기금법」에 따른 한국농어촌공사

㊺ 부터 ㊽ 까지 생략

제4조 생략

부칙 〈제21641호, 2009. 7. 27.〉 (국유재산법 시행령)

제1조(시행일) 이 영은 2009년 7월 31일부터 시행한다. 〈단서 생략〉

제2조 부터 제13조까지 생략

제14조(다른 법령의 개정) ① 부터 〈58〉 까지 생략

〈59〉 하천법 시행령 일부를 다음과 같이 개정한다.

제78조 중 "「국유재산법 시행령」 제56조의2"를 "「국유재산법 시행령」 제73조"로 한다.

〈60〉 부터 〈65〉 까지 생략

제15조 생략

부칙 〈제21744호, 2009. 9. 21.〉 (한국토지주택공사법 시행령)

제1조(시행일) 이 영은 2009년 10월 1일부터 시행한다.

제2조 및 제3조 생략

제4조(다른 법령의 개정) ① 부터 ㊿ 까지 생략

〈51〉 하천법 시행령 일부를 다음과 같이 개정한다.

제30조제2항제2호 중 "「한국토지공사법」에 따라 한국토지공사가 발행하는 토지개발채권"을 "「한국토지주택공사법」에 따라 한국토지주택공사가 발행하는 공사채"로 한다.

제90조제1항제1호를 다음과 같이 하고, 같은 항 제2호를 삭제한다.

1. 「한국토지주택공사법」에 따른 한국토지주택공사

〈52〉 부터 〈54〉 까지 생략
제5조 생략

부칙 〈제21824호, 2009. 11. 16.〉
제1조(시행일) 이 영은 공포한 날부터 시행한다.
제2조(적용례) 제24조의 개정규정은 이 영 시행 후 최초로 수립하거나 변경하는 하천기본계획부터 적용한다.

부칙 〈제21887호, 2009. 12. 15.〉 (농어촌정비법 시행령)
제1조(시행일) 이 영은 공포한 날부터 시행한다. 〈단서 생략〉
제2조 부터 제10조까지 생략
제11조(다른 법령의 개정) ① 부터 ㉝ 까지 생략
㉞ 하천법 시행령 일부를 다음과 같이 개정한다.
제58조제2항제3호 중 "「농어촌정비법」 제22조"를 "「농어촌정비법」 제23조"로 한다.
㉟ 부터 ㊳ 까지 생략
제12조 생략

부칙 〈제21931호, 2009. 12. 30.〉
제1조(시행일) 이 영은 2009년 12월 31일부터 시행한다.
제2조(경과조치) 이 영 시행 당시 국가하천에 대하여 시행 중인 하천공사에 관한 권한에 대해서는 종전의 규정에 따른다.

부칙 〈제22540호, 2010. 12. 20.〉
제1조(시행일) 이 영은 2011년 1월 1일부터 시행한다.
제2조(점용료등 산정에 관한 적용례) 제42조제3항의 개정규정은 이 영 시행 전에 하천점용허가를 받은 경우의 점용료등을 산정할 때에도 적용한다.

부칙 〈제22829호, 2011. 4. 4.〉 (경제활성화 및 친서민 국민불편해소 등을 위한 개발제한구역의 지정 및 관리에 관한 특별조치법 시행령 등 일부개정령)

제1조(시행일) 이 영은 공포한 날부터 시행한다.

제2조(「건축법 시행령」의 개정에 따른 용적률 산정에 관한 적용례) 「건축법 시행령」 제119조제1항제4호라목의 개정규정은 이 영 시행 후 최초로 건축허가를 받는 것부터 적용한다.

제3조(「도시 및 주거환경정비법 시행령」의 개정에 따른 변경인가에 관한 적용례) 「도시 및 주거환경정비법 시행령」 제27조제3호의 개정규정은 이 영 시행 후 최초로 조합설립인가의 내용을 변경하는 것부터 적용한다.

제4조(과징금 또는 과태료에 관한 경과조치) ① 이 영 시행 전의 위반행위에 대하여 과징금 또는 과태료의 부과기준을 적용할 때에는 종전의 규정에 따른다.

② 이 영 시행 전의 위반행위로 받은 과징금 또는 과태료 부과처분은 이 영의 개정규정에 따른 위반행위의 횟수 산정에 포함하지 아니한다.

부칙 〈제23716호, 2012. 4. 10.〉

이 영은 2012년 4월 18일부터 시행한다. 다만, 제5조 및 제42조제2항의 개정규정은 2012년 7월 1일부터 시행한다.

부칙 〈제23718호, 2012. 4. 10.〉 (국토의 계획 및 이용에 관한 법률 시행령)

제1조(시행일) 이 영은 2012년 4월 15일부터 시행한다. 〈단서 생략〉

제2조 부터 제13조까지 생략

제14조(다른 법령의 개정) ①부터 〈78〉까지 생략

〈79〉 하천법 시행령 일부를 다음과 같이 개정한다.

제24조제1항 중 "도시계획"을 "도시 · 군계획"으로 한다.
〈80〉부터 〈85〉까지 생략
제15조 생략

부칙 〈제23928호, 2012. 7. 4.〉 (위원회 운영의 공정성 제고를 위한 경제자유구역 및 제주국제자유도시의 외국교육기관 설립 · 운영에 관한 특별법 시행령 등 일부개정령)
이 영은 공포한 날부터 시행한다. 〈단서 생략〉

부칙 〈제24443호, 2013. 3. 23.〉 (국토교통부와 그 소속기관 직제)
제1조(시행일) 이 영은 공포한 날부터 시행한다. 〈단서 생략〉
제2조 부터 제5조까지 생략
제6조(다른 법령의 개정) ①부터 〈91〉까지 생략
〈92〉 하천법 시행령 일부를 다음과 같이 개정한다.
제2조, 제9조제4항 · 제5항, 제10조제1항 각 호 외의 부분, 같은 조 제2항 · 제3항, 제11조제2항 · 제3항, 제12조제2항, 제13조제2항부터 제4항까지, 제17조제4항, 제18조제2항 · 제3항, 제19조제2항, 제20조제1항 각 호 외의 부분, 같은 항 제2호, 제24조제1항, 제28조제1항 각 호 외의 부분, 같은 조 제2항, 같은 조 제4항 각 호 외의 부분, 같은 항 제4호, 같은 조 제5항 각 호 외의 부분, 같은 조 제6항, 제33조제3항 · 제4항, 제48조 각 호 외의 부분, 제49조제4항, 제55조제1항 · 제3항, 같은 조 제4항 각 호 외의 부분, 제56조제2항, 제57조제1항제3호, 제59조제1항, 같은 조 제2항 각 호 외의 부분, 같은 조 제4항 각 호 외의 부분 전단, 제61조, 제68조, 제74조제1항 각 호 외의 부분, 같은 조 제2항 · 제3항, 같은 조 제4항 전단, 제77조제2항, 제81조, 제82조제2항, 제87조제1항, 제91조제2항 각 호 외의 부분, 제92조제1항 각 호 외의 부분, 제94조의3 각 호 외의 부분, 제102조, 제104조제1항 · 제2항, 제105조제1항

각 호 외의 부분, 같은 항 제2호 각 목 외의 부분 단서, 같은 조 제2항 각 호 외의 부분, 같은 조 제3항 각 호 외의 부분 본문, 제105조의2제2항, 제106조 각 호 외의 부분 전단·후단 및 별표 3 비고의 제3호 본문 중 "국토해양부장관"을 각각 "국토교통부장관"으로 한다.

제29조제1항, 제31조제1항 본문, 제34조제1항, 제37조, 제45조제1항, 제55조제1항·제3항, 제69조, 제77조제2항, 제79조제1항·제2항, 제80조제1항, 제82조제2항 및 제84조제1항 중 "국토해양부령"을 각각 "국토교통부령"으로 한다.

제74조제2항 중 "행정안전부장관"을 "안전행정부장관"으로 한다.

〈93〉부터 〈146〉까지 생략

부칙 〈제25751호, 2014. 11. 19.〉 (행정자치부와 그 소속기관 직제)

제1조(시행일) 이 영은 공포한 날부터 시행한다. 다만, 부칙 제5조에 따라 개정되는 대통령령 중 이 영 시행 전에 공포되었으나 시행일이 도래하지 아니한 대통령령을 개정한 부분은 각각 해당 대통령령의 시행일부터 시행한다.

제2조 부터 제4조까지 생략

제5조(다른 법령의 개정) ①부터 〈375〉까지 생략

〈376〉 하천법 시행령 일부를 다음과 같이 개정한다.

제74조제2항 중 "안전행정부장관"을 "행정자치부장관"으로 한다.

〈377〉부터 〈418〉까지 생략

부칙 〈제25840호, 2014. 12. 9.〉 (규제 재검토기한 설정 등 규제정비를 위한 건축법 시행령 등 일부개정령)

제1조(시행일) 이 영은 2015년 1월 1일부터 시행한다.

제2조 부터 제16조까지 생략

부칙 〈제27282호, 2016. 6. 28.〉

제1조(시행일) 이 영은 공포한 날부터 시행한다. 다만, 제55조의2 및 제105조제3항제20호의2의 개정규정은 2016년 6월 30일부터 시행한다.

제2조(점용료등의 분할 납부에 관한 적용례) 제42조제2항 단서의 개정규정은 분할하여 납부하는 납부금을 이 영 시행 이후 부과하는 경우부터 적용한다.

제3조(낚시 등의 금지지역 지정에 관한 경과조치) 이 영 시행 전에 지정된 금지지역의 공고에 대해서는 제51조제2항의 개정규정에도 불구하고 종전의 규정에 따른다.

부칙 〈제27362호, 2016. 7. 19.〉

제1조(시행일) 이 영은 2016년 7월 20일부터 시행한다.

제2조(매수청구 대상 토지 판정기준에 관한 적용례) 제85조제1호의 개정규정은 이 영 시행 당시 법 제79조에 따른 매수청구 절차가 진행 중인 하천구역 안의 토지에 대해서도 적용한다.

제3조(하상변동조사 종사자에 대한 교육에 관한 경과조치) 이 영 시행 당시 하상변동조사 관련 업무에 종사하는 자는 이 영 시행 이후 2년 이내에 제17조의3제1항의 개정규정에 따른 교육을 받아야 한다.

부칙 〈제27472호, 2016. 8. 31.〉 (감정평가 및 감정평가사에 관한 법률 시행령)

제1조(시행일) 이 영은 2016년 9월 1일부터 시행한다.

제2조 부터 제5조까지 생략

제6조(다른 법령의 개정) ①부터 〈85〉까지 생략

〈86〉 하천법 시행령 일부를 다음과 같이 개정한다.

제84조제4항 중 "「부동산 가격공시 및 감정평가에 관한 법률」 제2조제9호"를 "「감정평가 및 감정평가사에 관한 법률」 제2조제4호"로 한다.

〈87〉부터 〈92〉까지 생략
제7조 생략

부칙 〈제27751호, 2016. 12. 30.〉 (규제 재검토기한 설정 등을 위한 가맹사업거래의 공정화에 관한 법률 시행령 등 일부개정령)
제1조(시행일) 이 영은 2017년 1월 1일부터 시행한다. 〈단서 생략〉
제2조 부터 제12조까지 생략

부칙 〈제28190호, 2017. 7. 17.〉 (수자원의 조사·계획 및 관리에 관한 법률 시행령)
제1조(시행일) 이 영은 2017년 7월 18일부터 시행한다.
제2조(다른 법령의 개정) ①부터 ③까지 생략
④ 하천법 시행령 일부를 다음과 같이 개정한다.
제2조 중 "수로터널·수문조사시설"을 "수로터널"로 한다.
제3조를 삭제한다.
제7조제1항제3호 중 "법 제24조에 따른 유역종합치수계획"을 "「수자원의 조사·계획 및 관리에 관한 법률」 제18조에 따른 하천유역수자원관리계획"으로 한다.
제9조부터 제17조까지를 각각 삭제한다.
제18조의 제목 중 "수자원"을 "하천관리"로 하고, 같은 조 제1항 각 호 외의 부분 중 "수자원 정보체계(이하 "수자원정보체계"라 한다)"를 "하천관리 정보체계(이하 "하천관리정보체계"라 한다)"로 하며, 같은 항 제1호, 제2호, 제2호의2부터 제2호의4까지, 제4호 및 제5호를 각각 삭제하고, 같은 항 제6호 중 "수자원의"를 "하천의"로 하며, 같은 조 제2항 및 제3항 중 "수자원정보체계"를 각각 "하천관리정보체계"로 한다.
제19조부터 제23조까지를 각각 삭제한다.
제24조의2의제1항제2호를 다음과 같이 하고, 같은 조 제3항을 삭제한다.

2. 「수자원의 조사 · 계획 및 관리에 관한 법률」 제17조에 따른 수자원장기종합계획 및 같은 법 제18조에 따른 하천유역수자원관리계획(이하 “하천유역수자원관리계획”이라 한다)을 기본으로 하여 수립할 것

제26조의2제1호 중 “갑문 · 수문조사시설”을 “갑문”으로 한다.

제33조 및 제47조를 각각 삭제한다.

제69조 중 “중앙하천관리위원회”를 “「수자원의 조사 · 계획 및 관리에 관한 법률」 제29조에 따른 국가수자원관리위원회(이하 "국가수자원관리위원회"라 한다)”로 한다.

제70조, 제71조, 제72조제2항부터 제4항까지 중 “중앙하천관리위원회”를 각각 “국가수자원관리위원회”로 한다.

제77조제1항제3호를 다음과 같이 한다.

3. 지방하천의 하천기본계획 수립과 하천시설 관리대장을 작성 · 관리하는데에 드는 비용

제93조, 제94조, 제94조의2, 제94조의3 및 제95조부터 제101조까지를 각각 삭제한다.

제105조제2항제1호카목을 삭제하고, 같은 호 저목을 다음과 같이 한다.

저. 법 제32조제3항에 따른 관계 행정기관의 장과의 협의

제105조제3항제5호부터 제10호까지를 각각 삭제하고, 같은 항 제11호 중 “수자원”을 “하천관리”로 하며, 같은 항 제14호, 제16호, 제18호 및 제27호의2를 각각 삭제하고, 같은 항 제32호 중 “법 제98조제3항제2호부터 제5호까지의 규정에”를 “법 제98조제3항제3호 및 제5호에”로 한다.

별표 1을 삭제한다.

별표 5 제2호나목 및 라목을 각각 삭제한다.

부칙 〈제28211호, 2017. 7. 26.〉 (행정안전부와 그 소속기관 직제)

제1조(시행일) 이 영은 공포한 날부터 시행한다. 다만, 부칙 제8조

에 따라 개정되는 대통령령 중 이 영 시행 전에 공포되었으나 시행일이 도래하지 아니한 대통령령을 개정한 부분은 각각 해당 대통령령의 시행일부터 시행한다.
제2조 부터 제7조까지 생략
제8조(다른 법령의 개정) ①부터 〈303〉까지 생략
〈304〉 하천법 시행령 일부를 다음과 같이 개정한다.
제74조제2항 중 "행정자치부장관"을 "행정안전부장관"으로 한다.
〈305〉부터 〈388〉까지 생략

부칙 〈제28327호, 2017. 9. 19.〉
이 영은 2017년 9월 22일부터 시행한다.

부칙 〈제28947호, 2018. 6. 8.〉 (국토교통부와 그 소속기관 직제)
제1조(시행일) 이 영은 공포한 날부터 시행한다.
제2조 생략
제3조(다른 법령의 개정) ①부터 ⑧까지 생략
⑨ 하천법 시행령 일부를 다음과 같이 개정한다.
제4조 및 제32조제1항 중 "하천관리청"을 각각 "하천관리청 또는 환경부장관"으로 한다.
제48조 각 호 외의 부분, 제55조제1항ㆍ제3항, 같은 조 제4항 각 호 외의 부분, 제55조의2제1항ㆍ제2항, 제56조제2항, 제57조제1항제3호, 제59조제1항, 같은 조 제2항 각 호 외의 부분, 같은 조 제4항 각 호 외의 부분 전단, 제61조, 제68조 및 제105조제3항 각 호 외의 부분 본문 중 "국토교통부장관"을 각각 "환경부장관"으로 한다.
제55조제1항ㆍ제3항, 제55조의2제1항 및 제69조 중 "국토교통부령"을 각각 "환경부령"으로 한다.
제105조제3항 각 호 외의 부분 단서 및 같은 항 제11호부터 제13호까지ㆍ제19호를 각각 삭제한다.

⑩ 생략

부칙 〈제29515호, 2019. 2. 8.〉

제1조(시행일) 이 영은 2019년 2월 15일부터 시행한다.

제2조(점용료등 산정기준에 관한 경과조치) 이 영 시행 전에 부과된 점용료등에 대해서는 별표 3의 개정규정에도 불구하고 종전의 규정에 따른다.

부칙 〈제30358호, 2020. 1. 21.〉

제1조(시행일) 이 영은 공포 후 3개월이 경과한 날부터 시행한다. 다만, 제57조제2항의 개정규정은 2021년 1월 1일부터 시행한다.

제2조(하천수사용료의 산정 등에 관한 적용례) 제57조의 개정규정은 이 영 시행 이후 하천수사용료를 부과하는 경우부터 적용한다.

부칙 〈제30509호, 2020. 3. 3.〉 (규제 재검토기한 해제 등을 위한 144개 대통령령의 일부개정에 관한 대통령령)

이 영은 공포한 날부터 시행한다.

부칙 〈제30886호, 2020. 7. 31.〉 (국유재산법 시행령)

제1조(시행일) 이 영은 공포한 날부터 시행한다.

제2조 생략

제3조(다른 법령의 개정) ①부터 ⑥까지 생략

⑦ 하천법 시행령 일부를 다음과 같이 개정한다.

제42조제2항 단서 중 "「국유재산법 시행령」 제30조제3항 후단"을 "「국유재산법 시행령」 제30조제5항 후단"으로 한다.

제57조제4항 단서 중 "「국유재산법 시행령」 제30조제4항 후단"을 "「국유재산법 시행령」 제30조제5항 후단"으로 한다.

부칙 〈제30977호, 2020. 8. 26.〉 (양식산업발전법 시행령)

제1조(시행일) 이 영은 2020년 8월 28일부터 시행한다.
제2조 및 제3조 생략
제4조(다른 법령의 개정) ①부터 ㉛까지 생략
㉜ 하천법 시행령 일부를 다음과 같이 개정한다.
제39조제1항제2호 중 “어업권자”를 “어업권자ㆍ양식업권자”로 한다.
㉝부터 ㊲까지 생략
제5조 생략

부칙 〈제31176호, 2020. 11. 24.〉 (법정공고 방식 확대를 위한 69개 법령의 일부개정에 관한 대통령령)
제1조(시행일) 이 영은 공포한 날부터 시행한다.
제2조(공고 등의 방법에 관한 일반적 적용례) 이 영은 이 영 시행 이후 실시하는 공고, 공표, 공시 또는 고시부터 적용한다.

부칙 〈제31380호, 2021. 1. 5.〉 (어려운 법령용어 정비를 위한 473개 법령의 일부개정에 관한 대통령령)
이 영은 공포한 날부터 시행한다. 〈단서 생략〉

부칙 〈제31526호, 2021. 3. 9.〉
이 영은 공포한 날부터 시행한다.

부칙 〈제32251호, 2021. 12. 28.〉 (환경부와 그 소속기관 직제)
제1조(시행일) 이 영은 2022년 1월 1일부터 시행한다.
제2조 생략
제3조(다른 법령의 개정) ①부터 ⑪까지 생략
⑫ 하천법 시행령 일부를 다음과 같이 개정한다.
제2조, 제5조 각 호 외의 부분, 제17조의2제5항, 제17조의3제2항부터 제4항까지, 제18조제2항ㆍ제3항, 제24조제1항, 제24조의2

제4항, 제28조제1항 각 호 외의 부분, 같은 조 제2항, 같은 조 제4항 각 호 외의 부분, 같은 항 제4호, 제28조제5항 각 호 외의 부분, 같은 조 제6항, 제49조제4항, 제74조제1항 각 호 외의 부분, 같은 조 제2항부터 제4항까지, 제77조제2항 · 제3항, 제81조, 제82조제2항, 제91조제2항, 제92조제1항 각 호 외의 부분, 제102조, 제104조제1항 · 제2항, 제105조제1항 각 호 외의 부분, 같은 항 제2호 각 목 외의 부분 단서, 같은 조 제2항 각 호 외의 부분, 제105조의2제2항, 제106조 각 호 외의 부분 전단 · 후단 중 "국토교통부장관"을 각각 "환경부장관"으로 한다.

제4조, 제32조제1항 중 "하천관리청 또는 환경부장관"을 각각 "하천관리청"으로 한다.

제29조제1항, 제31조제1항 본문, 제34조제1항, 제37조, 제39조제5항, 제45조제1항, 제77조제2항, 제79조제1항 · 제2항, 제80조제1항, 제82조제2항, 제84조제1항 중 "국토교통부령"을 각각 "환경부령"으로 한다.

제105조제2항 각 호 외의 부분, 같은 항 제1호가목 · 서목 · 커목 · 허목, 같은 호 노목부터 로목까지, 같은 호 보목 · 코목 · 토목 · 호목, 제105조의2제1항 · 제2항 중 "지방국토관리청장"을 각각 "유역환경청장 또는 지방환경청장"으로 한다.

제105조제2항 각 호 외의 부분 중 "지방국토관리청이"를 "유역환경청 또는 지방환경청이"로, "지방국토관리청의"를 "유역환경청 또는 지방환경청의"로 한다.

⑬부터 ⑯까지 생략

부칙 〈제32352호, 2022. 1. 21.〉 (감정평가 및 감정평가사에 관한 법률 시행령)

제1조(시행일) 이 영은 2022년 1월 21일부터 시행한다.

제2조 부터 제4조까지 생략

제5조(다른 법령의 개정) ①부터 〈59〉까지 생략

〈60〉 하천법 시행령 일부를 다음과 같이 개정한다.

제84조제4항 중 "2명 이상의 감정평가업자(「감정평가 및 감정평가사에 관한 법률」 제2조제4호에 따른 감정평가업자를 말한다. 이하 같다)"를 "2인 이상의 감정평가법인등(「감정평가 및 감정평가사에 관한 법률」에 따른 감정평가법인등을 말한다. 이하 같다)"으로 한다.

제92조제3항제1호 본문 중 "감정평가업자"를 "감정평가법인등"으로 한다.

〈61〉부터 〈64〉까지 생략

부칙 〈제33949호, 2023. 12. 12.〉

제1조(시행일) 이 영은 공포한 날부터 시행한다.

제2조(점용료등의 감면에 관한 적용례) 제44조제1항제6호의 개정규정은 이 영 시행 이후 점용료등을 징수하는 경우부터 적용한다.

부칙 〈제34832호, 2024. 8. 13.〉

이 영은 2024년 8월 21일부터 시행한다. 다만, 제90조 및 제91조제2항의 개정규정은 공포한 날부터 시행한다.

부칙 〈제35423호, 2025. 4. 1.〉

이 영은 공포한 날부터 시행한다.

별표 / 서식

[별표 1] 삭제 〈2017. 7. 17〉

[별표 2] 복합허가사항(제32조 관련)

[별표 3] 점용료등 산정기준(제42조제1항 관련)

[별표 3의2] 하천수사용료의 용도별 단가(제57조제3항 관련)

[별표 4] 손실보상업무 등의 위임·위탁수수료 요율(제90조제2항 관련)

[별표 5] 과태료의 부과기준(제107조 관련)

하천법 시행규칙

[시행 2024. 8. 21.] [환경부령 제1112호, 2024. 8. 13., 일부개정]

제1장 총칙

제1조(목적)

제2조(권리 · 의무승계의 신고)

제2장 하천의 지정 등

제3조(하천의 고시)

제4조(하천구역의 고시)

제5조삭 제

제6조(홍수관리구역의 고시)

제7조(하천시설의 관리규정)

제8조(하천시설에 대한 관리대장의 작성 등)

제3장 조사 및 계획 수립

제9조삭 제

제10조삭 제

제11조삭 제

제12조삭 제

제13조(하천기본계획의 고시 등)

제4장 하천공사 등의 시행

제13조의2(국가하천 배수영향구간의 고시)

제14조(하천공사 등의 허가신청)

제15조(하천공사실시계획의 인가신청)

제16조(준공인가 신청)

제5장 하천의 점용 등

제17조(하천점용허가의 신청 등)

제18조(점용허가의 기준 등)

제18조의2(하천점용허가를 받은 토지 또는 시설의 임대 · 전대)

제19조(하천점용허가의 유효기간 등)

제19조의2(실시계획의 인가 제외대상)

제19조의3(기득하천사용자의 동의서 제출기간)

제20조(홍수관리구역 안에서의 행위허가의 신청 등)

제21조(댐등의 관리기술자의 자격)
제22조(댐등의 설치자 또는 관리자의 기록 작성)
제23조삭 제
제24조삭 제
제6장 하천환경의 보전 · 관리
제25조(보전지구 · 복원지구 안에서의 사업)
제26조(원상회복의무 면제신청서)
제7장 삭제 〈2018. 6. 8.〉
제27조삭 제
제28조삭 제
제29조삭 제
제30조삭 제
제31조삭 제
제32조삭 제
제8장 하천에 관한 비용과 수익
제33조(수입금 징수 현황 등의 제출)
제9장 감독
제34조(하천관리원증)
제35조(점용물 등의 관리 등)
제36조(하천관리상황의 점검 등)
제10장 보칙
제37조(토지출입권한증명서)
제38조(토지등 매수청구 시의 제출서류)
제38조의2(하천표지의 종류 · 표시방법 등)
제39조(폐천부지등의 고시 등)
제40조(폐천부지등의 교환 · 양여신청)
제41조삭 제
제42조(보고 및 출입 등)
제11장 삭제 〈2012. 6. 18.〉
제43조삭 제

**개정 예정 법률 밑줄 별도 표시.

하천법 시행규칙

[시행 2024. 8. 21.] [환경부령 제1112호, 2024. 8. 13., 일부개정]

제1장 총칙

제1조(목적) 이 규칙은 「하천법」 및 같은 법 시행령에서 위임된 사항과 그 시행에 필요한 사항을 규정함을 목적으로 한다.

제2조(권리 · 의무승계의 신고) 「하천법」(이하 "법"이라 한다) 제5조제2항에 따라 권리 · 의무의 승계를 신고하려는 자는 상속 · 양수 또는 합병한 날부터 30일 이내에 별지 제1호서식의 권리 · 의무승계 신고서에 승계 사실을 입증할 수 있는 서류를 첨부하여 환경부장관, 유역환경청장 · 지방환경청장 또는 특별시장 · 광역시장 · 특별자치시장 · 도지사 · 특별자치도지사(이하 "시 · 도지사"라 한다)에게 제출하여야 한다. 〈개정 2009. 11. 24., 2012. 6. 18., 2013. 3. 23., 2018. 6. 8., 2021. 12. 28.〉

제2장 하천의 지정 등

제3조(하천의 고시) ① 환경부장관 또는 시 · 도지사는 법 제7조제6항에 따라 하천의 지정 · 변경 또는 해제 고시를 할 때에는 다음 각 호의 사항을 고시하여야 한다. 〈개정 2009. 11. 24., 2013. 3. 23., 2021. 12. 28.〉

1. 하천의 명칭
2. 하천의 구간(기점 및 종점)
3. 지정 · 변경 또는 해제한 날 및 그 사유

② 시 · 도지사는 제1항 각 호의 사항을 고시한 날부터 10일 이내

에 환경부장관에게 통보하여야 한다. 〈개정 2013. 3. 23., 2021. 12. 28.〉

③ 제1항에 따른 고시는 환경부장관이 하는 경우에는 관보에, 시·도지사가 하는 경우에는 공보에 게재하는 방법으로 한다. 〈개정 2013. 3. 23., 2021. 12. 28.〉

제4조(하천구역의 고시) ① 유역환경청장·지방환경청장 또는 시·도지사는 법 제10조제4항에 따라 하천구역의 결정·변경 또는 폐지 고시를 하거나 법 제11조제5항에 따라 하천구역의 결정 고시를 할 때에는 별지 제2호서식에 따르되, 다음 각 호의 서류를 첨부하여야 한다. 〈개정 2009. 11. 24., 2021. 12. 28.〉

1. 하천구역에 편입된 토지의 세목을 적은 서류
2. 하천구역과 지적이 표시된 지형도면(도면의 축척 등 세부기준은 「토지이용규제기본법 시행령」 제7조에 따른다. 이하 같다)

② 제1항에 따른 고시에 관하여는 제3조제3항을 준용한다.

③ 유역환경청장·지방환경청장 또는 시·도지사는 법 제10조제4항 및 법 제11조제5항에 따라 고시를 한때에는 지체 없이 관계 서류를 시장·군수·구청장(자치구의 구청장을 말한다. 이하 같다)에게 송부하고, 그 내용을 환경부장관에게 통보하여야 한다. 〈개정 2013. 3. 23., 2021. 12. 28.〉

④ 제3항에 따라 관계 서류를 송부받은 시장·군수·구청장은 그 서류를 일반인이 열람할 수 있도록 갖추어 놓아야 한다.

제5조 삭제 〈2016. 6. 30.〉

제6조(홍수관리구역의 고시) ① 유역환경청장·지방환경청장 또는 시·도지사는 법 제12조제3항에 따라 홍수관리구역의 지정·변경 또는 폐지 고시를 할 때에는 별지 제4호서식에 따르되, 다음 각 호의 서류를 첨부하여야 한다. 〈개정 2009. 11. 24., 2021. 12. 28.〉

1. 홍수관리구역에 편입된 토지의 세목을 적은 서류
2. 홍수관리구역과 지적이 표시된 지형도면

②법 제12조제1항에 따른 홍수관리구역의 지정·변경 또는 폐지

에 관하여는 제4조제2항부터 제4항까지를 준용한다.

제7조(하천시설의 관리규정) 법 제14조제1항에 따른 하천시설의 관리규정에는 다음 각 호의 사항이 포함되어야 한다.

1. 저류(貯留) 또는 방류의 방법 및 저류된 물을 방류할 경우에 취하여야 할 조치(댐ㆍ하구둑 등 하천의 물을 가두어 두는 시설만 해당한다)
2. 하천시설의 조작기준이 되는 수위ㆍ유량ㆍ기상 등의 관측 및 그 기록의 보존에 관한 사항
3. 하천시설의 조작방법
4. 해당 하천시설 또는 이를 조작하기 위하여 필요한 기계ㆍ기구 등의 점검 및 정비에 관한 사항
5. 그 밖에 해당 하천시설의 관리에 필요한 사항

제8조(하천시설에 대한 관리대장의 작성 등) ① 유역환경청장ㆍ지방환경청장 또는 시ㆍ도지사는 법 제15조제1항에 따라 하천시설에 대한 관리대장을 하천시설관리대장조서와 하천현황대장조서(그 부속도서를 포함한다. 이하 이 조에서 같다)로 구분하여 작성ㆍ관리하여야 한다. 〈개정 2021. 12. 28.〉

② 삭제 〈2018. 6. 8.〉

③ 유역환경청장ㆍ지방환경청장 또는 시ㆍ도지사는 제1항에 따른 하천시설관리대장조서와 하천현황대장조서를 다음 각 호의 구분에 따른 서식에 따라 작성하여야 한다. 〈개정 2021. 12. 28.〉

1. 하천시설관리대장조서
   가. 제방 및 호안 현황 : 별지 제5호서식의 하천시설관리대장조서(제방 및 호안)
   나. 댐ㆍ홍수조절지ㆍ저류지 현황 : 별지 제6호서식의 하천시설관리대장조서(댐ㆍ홍수조절지ㆍ저류지)
   다. 지하하천 및 방수로 현황 : 별지 제7호서식의 하천시설관리대장조서(지하하천 및 방수로)

라. 배수펌프장 현황 : 별지 제8호서식의 하천시설관리대장조서(배수펌프장)

마. 하구둑 현황 : 별지 제9호서식의 하천시설관리대장조서(하구둑)

2. 하천현황대장조서

가. 하천 개황 : 별지 제10호서식의 하천현황대장조서(하천 개황)

나. 측량기준점 현황 : 별지 제11호서식의 하천현황대장조서(측량기준점)

다. 하천수 상황 : 별지 제12호서식의 하천현황대장조서(하천수 상황)

라. 하천구역(법 제10조제1항제1호부터 제6호까지에 따른 하천구역을 말한다) 현황 : 별지 제13호서식의 하천현황대장조서(하천구역)

마. 삭제 〈2016. 6. 30.〉

바. 홍수관리구역 현황 : 별지 제15호서식의 하천현황대장조서(홍수관리구역)

사. 하천개수 현황 : 별지 제16호서식의 하천현황대장조서(하천개수)

④ 삭제 〈2017. 7. 18.〉

⑤ 유역환경청장·지방환경청장 또는 시·도지사는 법 제15조제1항에 따라 작성된 관리대장의 내용에 변경 사항이 있는 하천공사 또는 하천의 유지·보수 공사를 한 때에는 관리대장을 관리하는 기관에 그 변경 내용을 통보하여야 한다. 〈개정 2009. 11. 24., 2017. 7. 18., 2018. 6. 8., 2021. 12. 28.〉

제3장 조사 및 계획 수립

제9조 삭제 〈2017. 7. 18.〉

제10조 삭제 〈2017. 7. 18.〉

제11조 삭제 〈2017. 7. 18.〉

제12조 삭제 〈2017. 7. 18.〉

제13조(하천기본계획의 고시 등) 유역환경청장·지방환경청장 또는

시·도지사는 법 제25조제1항부터 제3항까지의 규정에 따라 하천기본계획을 수립하거나 변경한 때에는 다음 각 호의 사항을 관보 또는 공보에 고시하여야 한다. 〈개정 2021. 12. 28.〉

1. 하천기본계획의 수립 목적 또는 변경 목적
2. 연평균 강우량과 하천 수자원의 부존량(賦存量)에 관한 사항
3. 하천유역의 지역별 및 홍수방어시설별 홍수배분계획
4. 하천의 주요 지점별 기본홍수량·계획홍수량·계획홍수위 및 계획하폭에 관한 사항
5. 법 제44조제1항에 따른 보전지구·복원지구 또는 친수지구에 관한 사항
6. 하천기본계획의 열람에 관한 사항

제4장 하천공사 등의 시행

제13조의2(국가하천 배수영향구간의 고시) 환경부장관은 법 제27조제4항에 따라 국가하천 배수영향구간을 고시하는 경우에는 다음 각 호의 사항을 포함해야 한다.

1. 해당 지방하천의 명칭
2. 국가하천 배수영향구간의 시점과 종점(국가하천과 지방하천이 합류되는 지점을 말한다)
3. 국가하천 배수영향구간의 길이

[본조신설 2023. 12. 14.]

제14조(하천공사 등의 허가신청) ① 영 제29조제1항에 따른 하천공사의 허가신청서는 별지 제24호서식의 하천공사허가 신청서에 따르되, 다음 각 호의 서류를 첨부하여야 한다. 〈개정 2016. 6. 30.〉

1. 위치도(다른 법령에 따른 인·허가 등의 처리과정에서 위치도에 해당하는 서류가 제출된 경우에는 생략한다)
2. 개략설계도(제방의 중심선을 표시한 축척이 5천분의 1인 계획평면도, 표준단면도 및 면적을 표시한 도면을 말한다)
3. 개략공사비 산출서

4. 대표자의 선정을 증명하는 서류(2명 이상이 공동으로 신청하는 경우만 해당한다)

② 영 제29조제1항에 따른 하천유지·보수공사의 허가신청서는 별지 제25호서식의 하천유지·보수공사허가 신청서에 따르되, 다음 각 호의 서류를 첨부하여야 한다. 〈개정 2016. 6. 30.〉

1. 위치도(다른 법령에 따른 인·허가 등의 처리과정에서 위치도에 해당하는 서류가 제출된 경우에는 생략한다)

2. 평면도(축척이 3천분의 1부터 6천분의 1까지인 것을 말한다)

제15조(하천공사실시계획의 인가신청) ① 영 제31조제1항 또는 제3항에 따른 하천공사실시계획의 인가신청이나 변경인가신청은 별지 제26호서식의 실시계획인가(변경인가) 신청서에 따르되, 다음 각 호의 서류를 첨부하여야 한다. 〈개정 2009. 11. 24., 2016. 6. 30.〉

1. 위치도 및 사업구역이 표시된 실측지적평면도

2. 실시설계도서(2개 이상의 사업구역으로 나누는 경우에는 사업구역별로 작성한다)

3. 자금조달계획서와 연차별 투자계획서

4. 예정공정표

5. 수용 또는 사용하려는 토지 등의 소재지·지번·지목·면적, 토지 등에 관한 소유권 외의 권리의 명세와 그 소유자 및 소유자 외의 권리자의 성명 및 주소를 적은 서류

6. 「환경영향평가법」에 따른 영향평가서(「환경영향평가법」 제22조에 따른 영향평가대상사업인 경우만 해당한다)

② 유역환경청장·지방환경청장 또는 시·도지사는 제1항에 따라 신청받은 하천공사실시계획을 인가한 때에는 즉시 별지 제27호서식의 실시계획인가증을 신청인에게 발급하고, 법 제30조제6항에 따라 다음 각 호의 사항을 관보 또는 공보에 고시하여야 한다. 〈개정 2018. 6. 8., 2021. 12. 28.〉

1. 하천공사의 명칭

2. 하천공사 시행자의 성명 및 주소(법인인 경우에는 법인의 명칭

및 주소와 대표자의 성명을 말한다)

3. 하천공사의 목적 또는 사유

4. 하천공사의 위치

5. 하천공사의 기간

6. 수용 또는 사용하려는 토지 등의 소재지 · 지번 · 지목 · 면적, 토지 등에 관한 소유권 외의 권리의 명세와 그 소유자 및 소유자 외의 권리자의 성명 및 주소

제16조(준공인가 신청) ① 법 제30조제7항 전단에 따라 준공인가를 받으려는 자는 별지 제28호 서식의 준공인가 신청서에 다음 각 호의 서류를 첨부하여 유역환경청장 · 지방환경청장 또는 시 · 도지사에게 제출하여야 한다. 〈개정 2018. 6. 8., 2021. 12. 28.〉

1. 공사비정산서

2. 국가 또는 지방자치단체에 귀속되는 하천시설의 명세서

3. 하천구역으로 편입된 토지조서

4. 실측평면도 및 구적평면도

5. 폐천부지등의 발생명세

6. 준공 사진

② 제1항에 따라 준공인가 신청서를 받은 유역환경청장 · 지방환경청장 또는 시 · 도지사는 하천공사가 실시계획대로 시행되었다고 인정되면 준공인가를 신청한 날부터 10일 이내에 별지 제27호서식의 준공인가증을 발급하여야 한다. 〈개정 2018. 6. 8., 2021. 12. 28.〉

③ 영 제32조에 따른 복합허가사항으로 허가 받은 사항에 대한 준공인가 신청에 대하여는 주된 허가사항에 관한 권한을 가진 기관의 장이 그와 중복 또는 관련된 허가권한을 가진 기관의 장과 협의 후에 준공인가증을 발급하여야 한다. 〈신설 2009. 11. 24.〉

제5장 하천의 점용 등

제17조(하천점용허가의 신청 등) ① 영 제34조제1항에 따른 하천점용허가신청서는 별지 제29호서식의 하천점용허가 신청서에 따르되,

별표 4의 서류를 첨부하여야 한다.

② 제1항에 따른 하천점용허가 신청서를 2명 이상이 공동으로 제출하는 경우에는 그 중 1명을 대표자로 선정하여 하천점용허가 신청서에 그 대표자의 선정을 증명하는 서류를 첨부하여야 한다.

③ 영 제37조에 따른 허가증 및 허가대장은 별지 제30호서식의 하천점용허가증 및 별지 제31호 서식의 하천점용허가 관리대장에 따른다.

제18조(점용허가의 기준 등) ① 법 제33조제1항에 따라 경작을 목적으로 하천의 점용허가를 받으려는 자는 다음 각 호의 요건을 모두 갖추어야 한다. 다만, 허가신청인이 국가·지방자치단체·공공기관 또는 공공단체인 경우에는 그러하지 아니하다.

1. 허가신청인이 직접 경작하는 경우로서 관할 시장·군수·구청장의 확인을 받을 것
2. 1가구당 신청 면적이 3만 제곱미터 이내일 것
3. 신청지가 국유재산 또는 공유재산이 아닐 것(법 제34조에 따른 기득하천사용자는 제외한다)

② 환경부장관, 유역환경청장·지방환경청장 또는 시·도지사는 같은 구역에 대하여 제17조제1항에 따른 점용허가 신청이 여럿인 경우에는 다음 각 호의 순위에 따라 허가하여야 하며, 같은 순위의 신청이 경합되는 경우에는 공익에 기여하는 정도가 크다고 인정되는 순위에 따라 허가하여야 한다. 다만, 다음 각 호의 어느 하나에 해당되지 아니하는 자의 허가신청이 경합되는 경우에는 허가신청서가 접수된 순서에 따라 허가하여야 한다. 〈개정 2013. 3. 23., 2021. 12. 28.〉

1. 제1순위 : 법 제30조에 따라 하천관리청의 허가를 받고 하천공사 또는 하천의 유지·보수를 행하는 자
2. 제2순위 : 하천구역으로 편입된 토지의 종전 소유자로서 신청대상구역의 인근에 거주하는 자
3. 제3순위 : 홍수관리구역 안의 토지소유자로서 신청대상구역의

인근에 거주하는 자

4. 제4순위 : 신청대상구역의 인근에 거주하는 자

③ 제1항과 제2항에서 규정한 사항 외에 하천의 점용행위에 관한 세부적인 허가기준은 환경부장관이 정하여 고시한다. 〈신설 2009. 11. 24., 2013. 3. 23., 2021. 12. 28.〉

제18조의2(하천점용허가를 받은 토지 또는 시설의 임대·전대) 법 제33조제5항 단서에서 "환경부령으로 정하는 사유"란 다음 각 호의 어느 하나에 해당하는 경우를 말한다. 〈개정 2021. 12. 28.〉

1. 국가 또는 지방자치단체가 소유한 국유재산·공유재산의 일부 또는 전부를 하천점용허가를 받은 목적에 지장이 없는 범위에서 공공의 이익 증진을 위해 「국유재산법」 또는 「공유재산 및 물품 관리법」에 따라 사용허가 또는 사용·수익허가하는 경우

2. 사유지의 토지소유자가 해당 토지의 일부 또는 전부를 하천점용허가를 받은 목적에 지장이 없는 범위에서 제3자에게 사용·수익하도록 하는 경우

3. 건축물, 선박, 그 밖에 이와 유사한 시설의 소유자가 해당 시설의 일부를 하천점용허가를 받은 목적에 지장이 없는 범위에서 제3자에게 사용·수익하도록 하는 경우

[본조신설 2019. 2. 22.]

제19조(하천점용허가의 유효기간 등) ① 법 제33조제8항에 따른 하천점용허가의 유효기간은 별표 5와 같다. 다만, 해당 하천구역에 국가 또는 지방자치단체가 공공사업을 시행할 계획이 있거나 그 하천점용의 목적상 특히 필요한 경우에는 점용허가의 유효기간을 단축하거나 연장할 수 있다. 〈개정 2009. 11. 24., 2019. 2. 22.〉

② 영 제32조에 따라 주된 허가사항에 그와 중복 또는 관련되는 허가사항을 포함하여 허가하는 경우의 점용허가 유효기간은 제1항에 따른 각각의 허가사항에 대한 유효기간 중 주된 허가사항에 대한 유효기간으로 한다. 〈신설 2016. 6. 30.〉

③ 영 제35조제1항제1호에 따른 하천점용의 경우 천재지변으로

채취하지 못한 기간은 제1항에 따른 하천점용허가의 유효기간에 산입하지 아니한다. 〈개정 2016. 6. 30.〉

④ 제1항 본문에 따른 하천점용허가의 유효기간을 연장하려는 자는 그 유효기간이 끝나기 전까지 별지 제32호서식의 하천점용허가기간 연장신청서를 환경부장관, 유역환경청장 · 지방환경청장 또는 시 · 도지사에게 제출하여야 한다. 〈개정 2013. 3. 23., 2016. 6. 30., 2021. 12. 28.〉

⑤ 환경부장관, 유역환경청장 · 지방환경청장 또는 시 · 도지사는 하천점용허가를 받은 자에게 그 유효기간이 끝나기 전까지 하천점용허가기간을 연장하려면 하천점용허가기간 연장 신청을 하여야 한다는 사실과 그 연장 절차를 제1항에 따른 유효기간이 끝나는 날의 2개월 전까지 미리 알려야 한다. 〈신설 2012. 6. 18., 2013. 3. 23., 2016. 6. 30., 2021. 12. 28.〉

⑥ 제5항에 따른 통지는 문서, 팩스, 전자우편, 휴대전화에 의한 문자메시지 등으로 할 수 있다. 〈신설 2012. 6. 18., 2016. 6. 30.〉

제19조의2(실시계획의 인가 제외대상) 법 제33조제9항에서 "환경부령으로 정하는 경우"란 다음 각 호의 어느 하나에 해당하는 경우를 말한다. 〈개정 2019. 2. 22., 2021. 12. 28.〉

1. 하천시설의 신설 · 변경을 수반하지 아니하는 경우
2. 점용기간이 6개월 이내로 한정된 공작물을 설치하는 경우
3. 그 밖에 공작물을 신축 · 개축 · 변경하는 경우로서 하상세굴(河床洗掘), 유속변동, 유수방향 변화 등을 수반하지 아니하여 하천관리에 영향을 미치지 아니한다고 하천관리청이 인정하는 경우

[본조신설 2017. 9. 21.]

제19조의3(기득하천사용자의 동의서 제출기간) 영 제39조제5항에서 "환경부령으로 정하는 기간"은 별표 5의2와 같다. 〈개정 2021. 12. 28.〉

[본조신설 2017. 9. 21.]

제20조(홍수관리구역 안에서의 행위허가의 신청 등) ① 영 제45조제1항에 따른 행위허가 신청서는 별지 제29호서식에 따르며, 다음

각 호의 행위별로 각 목의 서류를 첨부해야 한다. 다만, 다른 법령에 따른 인·허가 등의 처리과정에서 위치도에 해당하는 서류가 제출된 경우에는 위치도를 생략할 수 있다. 〈개정 2016. 6. 30., 2019. 2. 12.〉

1. 공작물의 신축 또는 개축

가. 위치도

나. 수리계산서(하천의 단면 크기에 변화가 생기는 경우만 해당한다)

다. 표준구조물도

라. 개략공사비 산출서

2. 토지의 굴착, 성토, 절토, 그 밖에 토지의 형질변경

가. 위치도

나. 공사설명서

3. 삭제 〈2019. 2. 12.〉

② 법 제38조제3항에 따른 행위허가의 유효기간 등에 관하여는 제19조를 준용한다.

③ 삭제 〈2016. 6. 30.〉

④ 영 제45조제4항에 따른 홍수관리구역 안에서의 행위허가증 및 행위허가대장은 별지 제35호서식 및 별지 제36호서식에 따른다.

[제목개정 2016. 6. 30.]

제21조(댐등의 관리기술자의 자격) 법 제39조제2항에 따른 관리기술자란 다음 각 호의 어느 하나에 해당하는 자를 말한다.

1. 「고등교육법」에 따른 4년제 대학 또는 이와 같은 수준 이상의 학교를 졸업한 자로서 토목공학 또는 농공학을 전공하고, 하천 또는 법 제39조제1항에 따른 댐등(이하 "댐등"이라 한다)의 관리에 관한 업무에 3년 이상 종사한 실무경력이 있는 자

2. 「고등교육법」에 따른 전문대학 또는 이와 같은 수준 이상의 학교를 졸업한 자로서 토목공학 또는 농공학을 전공하고, 하천 또는 댐등의 관리에 관한 업무에 5년 이상 종사한 실무경력이 있는 자

3. 「초·중등교육법」에 따른 고등학교 또는 이와 같은 수준 이상의 학교를 졸업한 자로서 토목공학 또는 농공학을 전공하고, 하천 또는 댐등의 관리에 관한 업무에 7년 이상 종사한 실무경력이 있는 자

4. 제1호에 해당하는 학교를 졸업한 자로서 전기공학을 전공하고 하천 또는 댐등의 관리에 관한 업무에 5년 이상 종사한 실무경력이 있는 자

5. 제2호에 해당하는 학교를 졸업한 자로서 전기공학을 전공하고 하천 또는 댐등의 관리에 관한 업무에 7년 이상 종사한 실무경력이 있는 자

제22조(댐등의 설치자 또는 관리자의 기록 작성) 댐등의 설치자 또는 관리자가 법 제39조제3항에 따라 작성·비치해야 하는 자료는 다음 각 호와 같다. 〈개정 2019. 2. 12.〉

1. 댐등의 계획·설계 및 시공에 관한 다음 각 목의 자료
   가. 타당성 조사에 관한 자료
   나. 기본설계 및 실시설계 등 각종 설계도서
   다. 시공 및 용지보상 등에 관한 각종 보고서
   라. 수리·구조 등에 관한 각종 보고서
   마. 건설공사기록
2. 댐등의 유지·관리에 관한 다음 각 목의 자료
   가. 안전점검 및 정밀안전진단에 관한 기록
   나. 강수량·유입량·방류량·용수공급량·저수지수위 등 수문 및 기상에 관한 자료
   다. 수질에 관한 자료
   라. 저수지의 퇴사량 조사자료
   마. 댐등의 관리대장

[제목개정 2019. 2. 12.]

제23조 삭제 〈2017. 7. 18.〉

제24조 삭제 〈2017. 7. 18.〉

제6장 하천환경의 보전 · 관리

제25조(보전지구 · 복원지구 안에서의 사업) 법 제45조에 따라 하천관리청은 보전지구 또는 복원지구 안에서 하천환경 등을 보전하거나 복원하는 다음 각 호의 사업을 시행할 수 있다.

1. 하도(河道) 선형 · 단면형 및 종단형의 복원을 위한 사업
2. 저수로와 강기슭[하안]의 복원을 위한 사업
3. 홍수터의 복원을 위한 사업
4. 제방의 복원을 위한 사업
5. 동식물 서식처의 복원을 위한 사업
6. 그 밖에 하천의 보전 · 복원을 위하여 필요한 사업

제26조(원상회복의무 면제신청서) 법 제48조제1항 단서에 따라 하천의 원상회복의무를 면제받으려는 자는 별지 제40호서식의 원상회복의무면제신청서를 환경부장관, 유역환경청장 · 지방환경청장 또는 시 · 도지사에게 제출하여야 한다. 〈개정 2013. 3. 23., 2018. 6. 8., 2021. 12. 28.〉

제7장 삭제 〈2018. 6. 8.〉

제27조 삭제 〈2018. 6. 8.〉

제28조 삭제 〈2018. 6. 8.〉

제29조 삭제 〈2018. 6. 8.〉

제30조 삭제 〈2018. 6. 8.〉

제31조 삭제 〈2018. 6. 8.〉

제32조 삭제 〈2018. 6. 8.〉

제8장 하천에 관한 비용과 수익

제33조(수입금 징수 현황 등의 제출) ① 지방자치단체는 영 제77조제2항에 따라 수입금의 징수 현황 및 사용 명세를 다음해 3월 31까지 환경부장관에게 제출하여야 한다. 〈개정 2013. 3. 23., 2021. 12. 28.〉

② 제1항에 따른 징수 현황 및 사용 명세의 제출은 별지 제48호서식에 따른다.

제9장 감독

제34조(하천관리원증) 법 제72조제4항에 따른 증표는 별지 제49호서식에 따른다.

제35조(점용물 등의 관리 등) ① 시·도지사는 영 제79조제1항에 따라 제거한 점용물 등이 있던 곳에 점용물 등을 제거한 취지와 보관 장소 등을 표시하여야 한다. 다만, 표시하기가 적당하지 아니한 경우에는 그러하지 아니하다.

② 시·도지사는 영 제79조제2항에 따라 보관하고 있는 점용물 등에 관한 다음 각 호의 사항을 해당 관청의 게시판 및 인터넷 등에 14일 이상 게시하여야 한다.

1. 점용물 등의 품명·규격·수량
2. 위반 장소 및 보관 일시
3. 보관 장소 및 취급자 등

③ 영 제79조제2항에 따른 점용물 등의 목록은 별지 제50호서식에 따른다.

④ 영 제80조제1항에 따른 반환신청서는 별지 제51호서식의 점용물 등 반환신청서에 따른다.

제36조(하천관리상황의 점검 등) ① 영 제82조제1항에서 "환경부령으로 정하는 기한"이란 매년 5월 말을 말하고, 법 제74조제2항에서 "하계기간 등 환경부령으로 정하는 기간"이란 6월 21일부터 9월 20일까지를 말한다.

② 유역환경청장·지방환경청장 또는 시·도지사는 영 제82조제4항에 따라 점검·집중 점검사항 및 조치결과를 다음 각 호의 구분에 따른 기한까지 환경부장관에게 통지해야 한다.

1. 법 제74조제1항에 따른 하천시설의 관리상황과 하천의 점용상황 등에 대한 점검의 경우: 매년 6월 말

2. 법 제74조제2항에 따른 하천의 불법점용 상황에 대한 집중 점검의 경우: 집중 점검을 실시한 해의 10월 말

③ 제2항제1호에 따른 점검사항 및 조치결과의 통지는 별지 제52호서식에 따르고, 제2항제2호에 따른 집중 점검사항 및 조치결과의 통지는 별지 제52호의2서식에 따른다.

[전문개정 2024. 8. 13.]

제10장 보칙

제37조(토지출입권한증명서) 법 제75조제5항에 따른 증표는 별지 제53호서식의 토지출입권한증명서에 따른다.

제38조(토지등 매수청구 시의 제출서류) 영 제84조제1항에 따른 토지등의 매수청구서는 별지 제54호서식의 토지등 매수청구서에 따르되, 다음 각 호의 서류를 첨부하여야 한다. 다만, 「전자정부법」 제36조제1항에 따른 행정정보의 공동이용을 통하여 제출서류에 대한 정보를 확인할 수 있는 경우에는 그 확인으로 제출서류를 갈음할 수 있다. 〈개정 2011. 4. 11., 2016. 6. 30.〉

1. 토지대장
2. 토지등기부 등본
3. 토지이용계획 확인서
4. 토지등의 매수를 청구하는 사유를 증명할 수 있는 서류

[제목개정 2016. 6. 30.]

제38조의2(하천표지의 종류·표시방법 등) ① 법 제83조제2항에 따른 하천표지는 다음 각 호와 같이 구분한다.

1. 하천명표지: 하천의 이름을 나타내는 표지로서 다음 각 목과 같이 구분한다.
   가. 일반형 하천명표지
   나. 미관형 하천명표지
2. 하천거리표지: 하천의 하구 또는 합류지점으로부터의 거리를 나타내는 표지로서 다음 각 목과 같이 구분한다.

가. 입간판형 하천거리표지

나. 둥근기둥형 및 사각기둥형 하천거리표지

② 제1항제1호에 따른 하천명표지(이하 "하천명표지"라 한다)의 표지판에는 해당 하천에 대한 법 제7조에 따른 하천의 구분, 하천명, 그림표지 및 하천관리청 등을 표시하여야 한다.

③ 제1항제1호에 따른 하천명표지의 구체적인 표지내용, 세부규격 및 재질 등은 별표 5의3과 같다. 〈개정 2017. 9. 21.〉

④ 제1항제2호에 따른 하천거리표지(이하 "하천거리표지"라 한다)의 표지내용, 세부규격 및 재질 등은 별표 5의4와 같다. 〈개정 2017. 9. 21.〉

⑤ 하천관리청은 하천표지를 설치하는 경우 하천표지의 내용을 읽기 쉽도록 하기 위하여 하천표지에 조명장치를 설치할 수 있다.

⑥ 하천표지는 다음 각 호의 기준에 따라 설치하여야 한다.

1. 하천이용자의 주의를 끌 수 있도록 뚜렷하게 설치할 것

2. 설치방향은 하천이용자의 하천 접근 경로, 하천 이용 형태 등을 고려하여 하천이용자가 쉽게 하천표지의 내용을 읽을 수 있도록 할 것

⑦ 하천표지의 설치장소는 다음 각 호의 기준에 따라 선정한다.

1. 하천명표지는 하천과 하천의 합류지점 부근, 하천이 국도·지방도 또는 철도 등과 교차하는 부근, 그 밖에 하천관리청이 하천의 이용 상황 등을 고려하여 하천명표지의 설치가 필요하다고 판단하는 지점에 설치하고, 하천명표지 중 미관형 하천명표지는 하천이용자가 많은 지역에 설치할 것. 다만, 「도로표지규칙」에 따른 하천표지가 설치된 경우에는 하천명표지를 설치하지 아니할 수 있다.

2. 하천거리표지는 다음 각 목의 구분에 따라 설치하되, 하천의 하구 또는 합류지점으로부터 1킬로미터의 간격을 두고 설치할 것. 다만, 설치 효용성이 적은 경우에는 하천거리표지를 설치하지 아니하거나 설치 간격을 조정할 수 있다.

가. 입간판형 하천거리표지: 하천이용자가 많은 곳에 설치할 것

나. 둥근기둥형 및 사각기둥형 하천거리표지: 주변 경관을 고려하여 설치할 것. 다만, 국가하천과 지방하천의 경계지점 및 행정구역 경계지점에는 사각기둥형 하천거리표지를 설치한다.

3. 하천이용자가 잘 읽을 수 있도록 시야가 확보된 곳일 것

4. 하천이용자의 이동에 장애가 되거나 위험이 따르지 아니하는 곳일 것

5. 같은 장소에 2개 이상의 하천표지를 설치할 경우에는 그 설치 위치를 적절히 조정할 것

⑧ 하천관리청은 법 제33조에 따라 공작물의 설치 또는 수목의 식재(植栽)를 위한 점용허가를 할 때에는 하천표지가 잘 보이지 아니하거나 색상이 혼동되는 등 하천표지의 기능에 장애가 없도록 하여야 한다.

⑨ 하천관리청은 하천표지를 제작 또는 설치하려는 경우에는 하천표지를 설치·보완할 대상 하천의 구간과 이와 접속·연결되는 하천이 포함된 하천망도(河川網圖)를 작성하고, 하천표지의 설치 지점 등에 대한 계획을 수립하여야 한다.

⑩ 하천관리청은 하천이 다른 하천관리청 관할의 행정구역을 통과하는 경우 그 경계 부근에 하천표지판을 설치할 때에는 관계 하천관리청의 의견을 들을 수 있다.

⑪ 환경부장관은 하천표지의 효율적인 관리를 위하여 하천관리청 간에 하천표지 관련 정보를 공유할 수 있는 하천표지 정보관리 체계를 구축·운영할 수 있다. 〈개정 2013. 3. 23., 2021. 12. 28.〉

⑫ 하천관리청은 별지 제54호의2서식의 하천표지대장에 하천표지의 종류, 설치 위치, 사진 및 유지보수 등에 관한 사항을 기록·관리하여야 하며, 하천표지대장은 전산처리가 불가능한 특별한 사유가 없으면 전산처리가 가능한 방법으로 작성·관리하여야 한다.

⑬ 제1항부터 제12항까지에서 규정한 사항 외에 하천표지에 관한 세부사항은 환경부장관이 정한다. 〈개정 2013. 3. 23., 2021. 12. 28.〉

[본조신설 2012. 6. 18.]

제39조(폐천부지등의 고시 등) 하천관리청은 법 제84조제1항에 따라 폐천부지등을 고시할 때에는 다음 각 호의 사항을 관보 또는 공보에 고시하여야 한다. 〈개정 2009. 11. 24.〉

1. 폐천부지등이 발생한 하천의 명칭
2. 폐천부지등의 발생연월일
3. 폐천부지등의 위치

3의2. 폐천부지등의 발생사유

4. 폐천부지등의 종류 또는 면적
5. 폐천부지등의 보전 · 처분에 관한 관리계획

제40조(폐천부지등의 교환 · 양여신청) ① 유역환경청장 · 지방환경청장 또는 시 · 도지사는 제39조제5호의 관리계획에 따라 폐천부지등을 교환 · 양여하여야 하고, 특별한 사유가 없으면 폐천부지등의 고시가 있는 날부터 5년 이내에 하여야 한다. 〈개정 2009. 11. 24., 2021. 12. 28.〉

② 법 제85조제1항에 따라 폐천부지등을 교환하거나 양여받으려는 자는 별지 제55호서식의 폐천부지등 교환(양여)신청서에 다음 각 호의 서류를 첨부하여 유역환경청장 · 지방환경청장 또는 시 · 도지사에게 제출(전자문서를 통한 제출을 포함한다)하여야 한다. 다만, 「전자정부법」 제36조제1항에 따른 행정정보의 공동이용을 통하여 첨부서류에 대한 정보를 확인할 수 있는 경우에는 그 확인으로 첨부서류를 갈음할 수 있고, 다른 법령에 따른 인 · 허가 등의 처리과정에서 제1호에 따른 위치도에 해당하는 서류가 제출된 경우에는 그 서류로 갈음할 수 있다. 〈개정 2009. 11. 24., 2011. 4. 11., 2016. 6. 30., 2021. 12. 28.〉

1. 위치도
2. 지적도 및 구적도
3. 교환하거나 양여받으려는 토지의 등기부 등본
4. 이해관계인의 동의서(교환의 경우로서 신청인이 경합되는 경우만 해당한다)

5. 공사비정산서(시 · 도지사가 양여를 신청하는 경우는 제외한다)
6. 토지대장 등본

③ 제39조제5호의 관리계획에도 불구하고 유역환경청장 · 지방환경청장 또는 시 · 도지사는 하천공사로 발생하는 폐천부지등을 신속히 교환 · 양여할 필요가 있다고 인정되는 경우에는 공사준공과 동시에「감정평가 및 감정평가사에 관한 법률」에 따른 감정평가법인등에게 그 폐천부지등의 감정평가를 의뢰하여 폐천부지등의 가격을 산정해야 한다. 다만, 영 제92조제3항제1호 단서에 해당하는 경우는 제외한다. 〈개정 2016. 6. 30., 2016. 8. 31., 2021. 12. 28., 2023. 12. 14.〉

④ 법 제85조제1항에 따른 폐천부지등의 교환 · 양여에 대한 증서는 별지 제56호서식에 따른다.

제41조 삭제 〈2016. 6. 30.〉

제42조(보고 및 출입 등) ① 환경부장관, 유역환경청장 · 지방환경청장 또는 시 · 도지사는 법 제90조제1항에 따라 이 법에 따른 허가나 승인을 받은 자에게 하천관리에 필요한 보고를 하게 하려는 경우에는 그 보고 내용과 보고 기간을 명백히 밝혀야 하고, 소속 공무원으로 하여금 그 허가나 승인을 받은 자의 사무실 · 사업장, 그 밖의 필요한 장소에 출입하여 검사를 하게 하려는 경우에는 그 검사를 받을 자에게 검사 일시, 검사 목적 및 검사 공무원의 소속 · 직급 · 성명 등을 미리 통보하여야 한다. 〈개정 2013. 3. 23., 2018. 6. 8., 2021. 12. 28.〉

② 법 제90조제2항에 따른 증표는 별지 제47호서식의 검사공무원증에 따른다.

제11장 삭제 〈2012. 6. 18.〉

제43조 삭제 〈2023. 4. 17.〉

부칙 〈제6호, 2008. 4. 16.〉

제1조 (시행일) 이 규칙은 공포한 날부터 시행한다.
제2조 (다른 법령의 개정) ① 개발제한구역의 지정 및 관리에 관한 특별조치법 시행규칙 일부를 다음과 같이 개정한다.

제3조의3제3호 본문 중 "「하천법」 제2조제2항제1호 및 제2호의 규정에 의한 국가하천 및 지방1급하천"을 "「하천법」 제7조에 따른 국가하천 및 지방하천"으로 한다.

② 도시계획시설의 결정·구조 및 설치기준에 관한 규칙 일부를 다음과 같이 개정한다.
제115조 제1호를 다음과 같이 한다.

1. 「하천법」 제7조에 따른 국가하천·지방하천

제3조 (다른 법령과의 관계) 이 규칙 시행 당시 다른 법령에서 종전의 「하천법 시행규칙」 또는 그 규정을 인용하고 있는 경우 이 규칙 중 그에 해당하는 규정이 있으면 종전의 규정을 갈음하여 이 규칙 또는 이 규칙의 해당 규정을 인용한 것으로 본다.

부칙 〈제110호, 2009. 3. 26.〉 (행정정보의 공동이용 및 문서감축을 위한 건축물의 분양에 관한 법률 시행규칙 등 일부개정령)
이 규칙은 공포한 날부터 시행한다.

부칙 〈제181호, 2009. 11. 24.〉
이 규칙은 공포한 날부터 시행한다.

부칙 〈제350호, 2011. 4. 11.〉 (행정정보의 공동이용 및 문서감축을 위한 개발이익 환수에 관한 법률 시행규칙 등 일부개정령)
이 규칙은 공포한 날부터 시행한다.

부칙 〈제475호, 2012. 6. 18.〉
제1조(시행일) 이 규칙은 공포한 날부터 시행한다. 다만, 제2조의 개정규정은 2012년 7월 1일부터 시행하고, 제10조제7항·제8항,

제19조제4항·제5항 및 제28조제5항·제6항의 개정규정은 공포 후 3개월이 경과한 날부터 시행한다.
제2조(다른 법령의 폐지) 하천표지 규칙은 폐지한다.
제3조(유효기간 연장 등 사전통지에 관한 적용례) ① 제10조제7항·제8항, 제19조제4항·제5항 및 제28조제5항·제6항의 개정규정은 부칙 제1조 단서에 따른 해당 개정규정의 시행 후 수문조사기기 검정 유효기간, 하천점용허가 유효기간, 하천수 사용허가 유효기간이 각각 만료되는 분부터 적용한다.
② 제1항에 따라 수문조사기기 검정 유효기간, 하천점용허가 유효기간, 하천수 사용허가 유효기간이 각각 만료되는 분에 대한 사전통지를 위하여 필요한 경우에는 부칙 제1조 단서에도 불구하고 제1항에 따른 각 개정규정이 시행된 것으로 보아 해당 개정규정에 따라 사전통지를 할 수 있다.
제4조(하천표지에 관한 경과조치) 이 규칙 시행 전에 종전의 「하천표지 규칙」에 따라 설치된 하천표지는 제38조의2, 별표 5의2 및 별표 5의3의 개정규정에 따라 설치된 하천표지로 본다.

부칙 〈제528호, 2012. 10. 31.〉
이 규칙은 2012년 11월 1일부터 시행한다.

부칙 〈제1호, 2013. 3. 23.〉 (국토교통부와 그 소속기관 직제 시행규칙)
제1조(시행일) 이 규칙은 공포한 날부터 시행한다. 〈단서 생략〉
제2조 부터 제5조까지 생략
제6조(다른 법령의 개정) ①부터 〈115〉까지 생략
〈116〉 하천법 시행규칙 일부를 다음과 같이 개정한다.
제2조, 제3조제1항 각 호 외의 부분, 같은 조 제2항·제3항, 제4조제3항, 제12조 각 호 외의 부분, 제18조제2항 각 호 외의 부분 본문, 같은 조 제3항, 제19조제3항·제4항, 제26조, 제28조제4항,

제33조제1항, 제36조제1항, 제38조의2제11항·제13항, 제42조제1항, 별지 제30호서식, 별지 제33호서식 및 별지 제35호서식 중 "국토해양부장관"을 각각 "국토교통부장관"으로 한다.

제32조제1항, 별표 5의2 제5호가목6)가), 별지 제29호서식 뒤쪽 처리기관란, 별지 제32호서식 뒤쪽 처리기관란 및 별지 제40호서식 뒤쪽 처리기관란 중 "국토해양부"를 각각 "국토교통부"로 한다.

〈117〉부터 〈126〉까지 생략

부칙 〈제54호, 2013. 12. 30.〉 (행정규제기본법 개정에 따른 규제 재검토기한 설정을 위한 개발이익환수에 관한 법률 시행규칙 등 일부개정령)

이 규칙은 2014년 1월 1일부터 시행한다.

부칙 〈제120호, 2014. 8. 7.〉 (개인정보 보호를 위한 건설산업기본법 시행규칙 등 일부개정령)

제1조(시행일) 이 규칙은 공포한 날부터 시행한다.

제2조(서식에 관한 경과조치) 이 규칙 시행 당시 종전의 규정에 따라 사용 중인 서식은 계속 사용하되, 이 규칙에 따라 주민등록번호가 삭제되거나 생년월일로 개정된 부분은 삭제하거나 수정하여 사용한다.

부칙 〈제169호, 2014. 12. 31.〉 (규제 재검토기한 설정 등을 위한 건축물의 분양에 관한 법률 시행규칙 등 일부개정령)

이 규칙은 2015년 1월 1일부터 시행한다.

부칙 〈제322호, 2016. 6. 30.〉

제1조(시행일) 이 규칙은 공포한 날부터 시행한다. 다만, 제27조의 개정규정은 2016년 6월 30일부터 시행하고, 제38조, 제41조 및 별표 6의 개정규정은 2016년 7월 20일부터 시행한다.

제2조(서식 사용에 관한 경과조치) 이 규칙 시행 당시 종전의 규정에 따라 사용하던 서식은 2016년 12월 30일까지 이 규칙에 따른 개정 서식과 함께 사용할 수 있다.

부칙 〈제357호, 2016. 8. 31.〉 (감정평가 및 감정평가사에 관한 법률 시행규칙)

제1조(시행일) 이 규칙은 2016년 9월 1일부터 시행한다.

제2조(다른 법령의 개정) ①부터 ⑩까지 생략

⑪ 하천법 시행규칙 일부를 다음과 같이 개정한다.

제40조제3항 본문 중 "「부동산 가격공시 및 감정평가에 관한 법률」"을 "「감정평가 및 감정평가사에 관한 법률」"로 한다.

제3조 생략

부칙 〈제382호, 2016. 12. 30.〉 (규제 재검토기한 설정 등을 위한 감정평가 및 감정평가사에 관한 법률 시행규칙 등 일부개정령)

제1조(시행일) 이 규칙은 공포한 날부터 시행한다. 〈단서 생략〉

제2조 부터 제4조까지 생략

부칙 〈제437호, 2017. 7. 18.〉 (수자원의 조사·계획 및 관리에 관한 법률 시행규칙)

제1조(시행일) 이 규칙은 2017년 7월 18일부터 시행한다.

제2조 및 제3조 생략

제4조(다른 법령의 개정) 하천법 시행규칙 일부를 다음과 같이 개정한다.

제8조제4항을 삭제한다.

제8조제5항 중 "하천의 유지·보수 공사를 하거나 수문조사시설을 설치한 때에는"을 "하천의 유지·보수 공사를 한 때에는"으로 한다.

제9조부터 제12조까지, 제23조 및 제24조를 각각 삭제한다.
제32조제1항 중 "중앙하천관리위원회"를 "국가수자원관리위원회"로 한다.
별표 1, 별표 2 및 별표 3을 각각 삭제한다.
별지 제17호서식부터 별지 제23호서식까지 및 별지 제37호서식부터 별지 제39호서식까지를 각각 삭제한다.

부칙 〈제449호, 2017. 9. 21.〉
이 규칙은 2017년 9월 22일부터 시행한다.

부칙 〈제520호, 2018. 6. 8.〉 (국토교통부와 그 소속기관 직제 시행규칙)
제1조(시행일) 이 규칙은 공포한 날부터 시행한다.
제2조 및 제3조 생략
제4조(다른 법령의 개정) ① 생략
② 하천법 시행규칙 일부를 다음과 같이 개정한다.
제2조, 제8조제5항, 제15조제2항 각 호 외의 부분, 제16조제1항 각 호 외의 부분, 같은 조 제2항, 제26조 및 제42조제1항 중 "지방국토관리청장, 홍수통제소장"을 각각 "지방국토관리청장"으로 한다.
제8조제2항을 삭제하고, 같은 조 제5항 중 "법 제15조제1항 및 제2항"을 "법 제15조제1항"으로 한다.
제7장(제27조부터 제32조까지)을 삭제한다.
별지 제1호서식, 별지 제27호서식 및 별지 제28호서식 중 "지방국토관리청장, 홍수통제소장"을 각각 "지방국토관리청장"으로 한다.
별지 제40호서식 중 "지방국토관리청장, 홍수통제소장"을 "지방국토관리청장"으로, "지방국토관리청, 홍수통제소"를 "지방국토관리청"으로 한다.
별지 제41호서식, 별지 제41호의2서식, 별지 제42호서식, 별지 제42호의2서식, 별지 제43호서식, 별지 제43호의2서식 및 별지 제

44호서식부터 별지 제46호서식까지를 각각 삭제한다.

별지 제47호서식 중 “중앙하천관리위원회”를 “국가수자원관리위원회”로 한다.

부칙 〈제593호, 2019. 2. 12.〉

이 규칙은 2019년 2월 15일부터 시행한다.

부칙 〈제597호, 2019. 2. 22.〉

이 규칙은 2019년 2월 22일부터 시행한다.

부칙 〈제828호, 2021. 3. 2.〉

이 규칙은 공포한 날부터 시행한다.

부칙 〈제882호, 2021. 8. 27.〉 (어려운 법령용어 정비를 위한 80개 국토교통부령 일부개정령)

이 규칙은 공포한 날부터 시행한다. 〈단서 생략〉

부칙 〈제958호, 2021. 12. 28.〉 (환경부와 그 소속기관 직제 시행규칙)

제1조(시행일) 이 규칙은 2022년 1월 1일부터 시행한다.

제2조 생략

제3조(다른 법령의 개정) ① 생략

② 하천법 시행규칙 일부를 다음과 같이 개정한다.

제2조, 제3조제1항 각 호 외의 부분, 같은 조 제2항ㆍ제3항, 제4조제3항, 제18조제2항 각 호 외의 부분 본문, 같은 조 제3항, 제19조제4항ㆍ제5항, 제26조, 제33조제1항, 제36조제1항, 제38조의2제11항ㆍ제13항 및 제42조제1항 중 “국토교통부장관”을 각각 “환경부장관”으로 한다.

제2조, 제4조제1항 각 호 외의 부분, 같은 조 제3항, 제6조제1항

각 호 외의 부분, 제8조제1항, 같은 조 제3항 각 호 외의 부분, 같은 조 제5항, 제13조 각 호 외의 부분, 제15조제2항 각 호 외의 부분, 제16조제1항 각 호 외의 부분, 같은 조 제2항, 제18조제2항 각 호 외의 부분 본문, 제19조제4항·제5항, 제26조, 제36조제1항, 제40조제1항, 같은 조 제2항 각 호 외의 부분 본문, 같은 조 제3항 본문 및 제42조제1항 중 "지방국토관리청장"을 각각 "유역환경청장·지방환경청장"으로 한다.

제18조의2 각 호 외의 부분, 제19조의2 각 호 외의 부분 및 제19조의3 중 "국토교통부령"을 각각 "환경부령"으로 한다.

제43조 중 "국토부장관"을 "환경부장관"으로 한다.

별표 5의3 제5호가목6)가)를 다음과 같이 한다.

가) 국가하천(예): 환경부

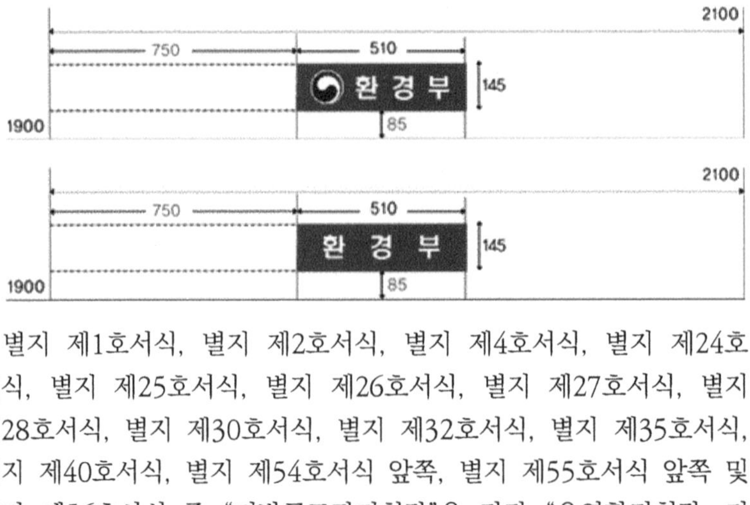

별지 제1호서식, 별지 제2호서식, 별지 제4호서식, 별지 제24호서식, 별지 제25호서식, 별지 제26호서식, 별지 제27호서식, 별지 제28호서식, 별지 제30호서식, 별지 제32호서식, 별지 제35호서식, 별지 제40호서식, 별지 제54호서식 앞쪽, 별지 제55호서식 앞쪽 및 별지 제56호서식 중 "지방국토관리청장"을 각각 "유역환경청장·지방환경청장"으로 한다.

별지 제1호서식, 별지 제30호서식, 별지 제32호서식, 별지 제35호서식, 별지 제40호서식 및 별지 제49호서식 뒤쪽 중 "국토교통부장관"을 각각 "환경부장관"으로 한다.

별지 제5호서식 앞쪽·뒤쪽, 별지 제6호서식 뒤쪽, 별지 제7호서식, 별지 제8호서식 뒤쪽 및 별지 제9호서식 중 "국토관리청"을 각각 "환경청"으로 한다.

별지 제24호서식, 별지 제25호서식 및 별지 제55호서식 뒤쪽 중 "지방국토관리청, 특별시"를 각각 "유역환경청·지방환경청, 특별시"로 한다.

별지 제26호서식 및 별지 제28호서식 중 "지방국토관리청, 홍수통제소"를 각각 "유역환경청·지방환경청, 홍수통제소"로 한다.

별지 제29호서식 앞쪽 중 "국토교통부장관, 지방국토관리청장"을 "환경부장관, 유역환경청장·지방환경청장"으로, "국토교통부, 지방국토관리청"을 "환경부, 유역환경청·지방환경청"으로 하고, 같은 서식 뒤쪽 중 "지방국토관리청"을 각각 "유역환경청·지방환경청"으로, "국토교통부"를 각각 "환경부"로 한다.

별지 제32호서식 및 별지 제40호서식 중 "국토교통부, 지방국토관리청"을 각각 "환경부, 유역환경청·지방환경청"으로 한다.

별지 제54호서식 앞쪽 중 "처리기관: 지방국토관리청"을 "처리기관: 유역환경청·지방환경청"으로 한다.

③ 및 ④ 생략

부칙 〈제1032호, 2023. 4. 17.〉 (규제 재검토기한 정비를 위한 17개 법령의 일부개정에 관한 환경부령)

이 규칙은 공포한 날부터 시행한다.

부칙 〈제1065호, 2023. 12. 14.〉

이 규칙은 공포한 날부터 시행한다.

부칙 〈제1112호, 2024. 8. 13.〉

이 규칙은 2024년 8월 21일부터 시행한다.

별표 / 서식

[별표 1] 삭제 〈2017. 7. 18.〉

[별표 2] 삭제 〈2017. 7. 18.〉

[별표 3] 삭제 〈2017. 7. 18.〉

[별표 4] 하천점용허가 등에 첨부할 서류(제17조제1항)

[별표 5] 하천점용허가의 유효기간(제19조제1항 관련)

[별표 5의2] 기득하천사용자의 동의서 제출기간(제19조의3 관련)

[별표 5의3] 하천명표지의 표지내용, 세부규격 및 재질 등(제38조의2제3항 관련)

[별표 5의4] 하천거리표지의 표지내용, 세부규격 및 재질 등(제38조의2제4항 관련)

[별표 6] 삭제 〈2016. 6. 30.〉

[별지 제1호서식] 권리 · 의무승계 신고서

[별지 제2호서식] 하천구역 결정(또는 변경 · 폐지) 고시

[별지 제3호서식] 삭제 〈2016. 6. 30.〉

[별지 제4호서식] 홍수관리구역의 지정(또는 변경 · 폐지) 고시

[별지 제5호서식] 하천시설관리대장조서(제방 및 호안)

[별지 제6호서식] 하천시설관리대장조서(댐 · 홍수조절지 · 저류지)

[별지 제7호서식] 하천시설관리대장조서(지하하천 및 방수로)

[별지 제8호서식] 하천시설관리대장조서(배수펌프장)

[별지 제9호서식] 하천시설관리대장조서(하구둑)

[별지 제10호서식] 하천현황대장조서(하천 개황)

[별지 제11호서식] 하천현황대장조서(측량기준점)

[별지 제12호서식] 하천현황대장조서(하천수 상황)

[별지 제13호서식] 하천현황대장조서(하천구역)

[별지 제14호서식] 삭제 〈2016. 6. 30.〉

[별지 제15호서식] 하천현황대장조서(홍수관리구역)

[별지 제16호서식] 하천현황대장조서(하천개수)

[별지 제17호서식] 삭제 〈2017. 7. 18.〉

[별지 제18호서식] 삭제 〈2017. 7. 18.〉
[별지 제19호서식] 삭제 〈2017. 7. 18.〉
[별지 제20호서식] 삭제 〈2017. 7. 18.〉
[별지 제21호서식] 삭제 〈2017. 7. 18.〉
[별지 제22호서식] 삭제 〈2017. 7. 18.〉
[별지 제23호서식] 삭제 〈2017. 7. 18.〉
[별지 제24호서식] 하천공사허가 신청서
[별지 제25호서식] 하천유지·보수공사허가 신청서
[별지 제26호서식] 실시계획인가(또는 변경인가) 신청서
[별지 제27호서식] 실시계획인가증, 준공인가증
[별지 제28호서식] 준공인가 신청서
[별지 제29호서식] (하천점용허가, 홍수관리구역 안에서의 행위허가) (변경)신청서
[별지 제30호서식] 하천점용허가증
[별지 제31호서식] 하천점용허가 관리대장
[별지 제32호서식] (하천점용허가기간, 홍수관리구역 안에서의 행위허가기간)연장신청서
[별지 제33호서식] 삭제 〈2016. 6. 30.〉
[별지 제34호서식] 삭제 〈2016. 6. 30.〉
[별지 제35호서식] 홍수관리구역 안에서의 행위허가증
[별지 제36호서식] 홍수관리구역 안에서의 행위허가대장
[별지 제37호서식] 삭제 〈2017. 7. 18.〉
[별지 제38호서식] 삭제 〈2017. 7. 18.〉
[별지 제39호서식] 삭제 〈2017. 7. 18.〉
[별지 제40호서식] 원상회복의무면제신청서
[별지 제41호서식] 삭제 〈2018. 6. 8.〉
[별지 제41호의2서식] 삭제 〈2018. 6. 8.〉
[별지 제42호서식] 삭제 〈2018. 6. 8.〉
[별지 제42호의2서식] 삭제 〈2018. 6. 8.〉

[별지 제43호서식] 삭제 〈2018. 6. 8.〉
[별지 제43호의2서식] 삭제 〈2018. 6. 8.〉
[별지 제44호서식] 삭제 〈2018. 6. 8.〉
[별지 제45호서식] 삭제 〈2018. 6. 8.〉
[별지 제46호서식] 삭제 〈2018. 6. 8.〉
[별지 제47호서식] 검사공무원증
[별지 제48호서식] 하천 수입금 징수현황 및 사용명세 보고
[별지 제49호서식] 하천관리원증
[별지 제50호서식] 점용물 등의 목록
[별지 제51호서식] 점용물 등 반환신청서
[별지 제52호서식] 하천시설의 관리상황 등에 대한 점검사항 및 조치결과 통지
[별지 제52호의2서식] 하천의 불법 점용에 대한 집중 점검사항 및 조치결과 통지
[별지 제53호서식] 토지출입권한증명서
[별지 제54호서식] 토지등 매수청구서
[별지 제54호의2서식] 하천표지대장
[별지 제55호서식] 폐천부지 등 교환(양여)신청서
[별지 제56호서식] 폐천부지 등 교환(양여)증서

대한민국 법령 시리즈 110

하 천 법

법 령 / 시 행 령 / 시 행 규 칙

2025년 8월 4일 인쇄 정가 21,000원
2025년 8월 14일 발행

편 저 편집부
디 자 인 송영미
발 행 인 조준형 http://www.hgbookpub.com
발 행 처 해광출판사 E-mail : munbookcokr@naver.com
주 소 부산광역시 중구 해관로 41-1 (중앙동2가)
전화번호 (051) 253-0001 팩스 (051) 245-1187
등 록 제 2012-000005호

해광출판사에서는 여러분의 소중한 원고와 함께 할 기회를 기다리고 있습니다. 책으로 엮을 원고나 아이디어가 있으신 분들은 이메일 munbookcokr@naver.com 로 책에 대한 간단한 개요와 원고 전체 또는 일부를 연락처와 함께 보내주십시오.

ISBN 979-11-6881-861-3

※ 법령 출처 : 법제처 국가법령정보센터
※ 본 도서는 〈공공데이터 제공 및 이용 활성화에 관한 법률〉을 근거로 출판되었습니다.

해광출판사 대한민국 법령 시리즈

001. 선원법
002. 어선법
003. 선박직원법
004. 해사안전기본법
005. 해양환경관리법
006. 선박의 입항 및 출항등에 관한 법률
007. 학교안전사고예방 및 보상에 관한 법률
008. 종합부동산세법
009. 방위사업법
010. 행정규제기본법
011. 식품산업진흥법
012. 위험물안전관리법
013. 화재의 예방 및 안전관리에 관한 법률
014. 도시가스사업법
015. 실내공기질관리법
016. 지방세법
017. 소득세법
018. 법인세법
019. 도선법
020. 선박안전법
021. 선박법
022. 수산업법
023. 고압가스안전관리법
024. 국민연금법
025. 공동주택관리법
026. 화학물질관리법
027. 어선원 및 어선 재해보상보험법
028. 장기등 이식에 관한 법률
029. 자연재해대책법
030. 공유재산 및 물품 관리법
031. 산업입지 및 개발에 관한 법률
032. 부정경쟁방지 및 영업비밀보호에 관한 법률
033. 금융지주회사법
034. 온실가스 배출권의 할당 및 거래에 관한 법률
035. 건축사법
036. 산림문화휴양에 관한 법률
037. 전기사업법
038. 사립학교법
039. 고등교육법
040. 액화석유가스의 안전관리 및 사업법
041. 선박투자회사법
042. 수산자원관리법
043. 위험물선박운송및저장규칙
044. 선박평형수관리법
045. 주택임대차보호법
046. 상가건물임대차보호법
047. 지방공기업법
048. 승강기안전관리법
049. 수목원·정원의 조성 및 진흥에 관한 법률
050. 민법
051. 치료감호 등에 관한 법률
052. 대부업 등의 등록 및 금융이용자 보호에 관한 법률
053. 사료관리법
054. 무형문화재 보전 및 진흥에 관한 법률
055. 총포·도검·화약류 등의 안전관리에 관한 법률
056. 경찰관직무집행법
057. 시설물의 안전 및 유지관리에 관한 특별법
058. 수산생물질병 관리법
059. 소비자기본법
060. 국제선박등록법
061. 정보통신망 이용촉진 및 정보보호 등에 관한 법률
062. 해운법
063. 농수산물 품질관리법
064. 수산업협동조합법
065. 해외건설촉진법
066. 수상레저안전법
067. 공무원재해보상법
068. 수상에서의 수색·구조 등에 관한 법률
069. 어촌어항법
070. 항만법
071. 항만운송사업법
072. 해양경비법
073. 해양사고의 조사 및 심판에 관한 법률
074. 외국인근로자의 고용 등에 관한 법률
075. 중소기업기본법
076. 자유무역지역의 지정 및 운영에 관한 법률
077. 대기환경보전법
078. 소음진동관리법
079. 폐기물관리법
080. 하수도법
081. 물환경보전법
082. 토양환경보전법
083. 환경정책기본법
084. 산업재해보상보험법
085. 관세법
086. 노동조합 및 노동관계조정법
087. 근로기준법
088. 군인연금법
089. 먹는물관리법
090. 기술보증기금법
091. 관광진흥법
092. 감염병의 예방 및 관리에 관한 법률
093. 사법경찰관리의 직무를 수행할 자와 그 직무범위에 관한 법률
094. 수의사법
095. 가정폭력방지 및 피해자보호 등에 관한 법률
096. 환경영향평가법
097. 체육시설의 설치 · 이용에 관한 법률
098. 장사 등에 관한 법률
099. 상호저축은행법
100. 은행법
101. 보호관찰 등에 관한 법률
102. 형법
103. 자동차관리법
104. 형사소송법
105. 전자금융거래법
106. 마약류 불법거래 방지에 관한 특례법
107. 도로법
108. 주세법
109. 변리사법
110. 하천법
111. 중소기업진흥에 관한 법률
112. 발달장애인 권리보장 및 지원에 관한 법률
113. 주택법
114. 장애인복지법
115. 농어업경영체 육성 및 지원에 관한 법률
116. 공인중개사법
117. 건강기능식품에 관한 법률
118. 예비군법
119. 개발제한구역의 지정 및 관리에 관한 특별조치법
120. 국유재산법
121. 주차장법
122. 환경기술 및 환경산업 지원법
123. 대기관리권역의 대기환경개선에 관한 특별법
124. 악취방지법
125. 미세먼지 저감 및 관리에 관한 특별법
126. 가축분뇨의 관리 및 이용에 관한 법률
127. 물의 재이용 촉진 및 지원에 관한 법률
128. 물관리기본법
129. 물관리기술 발전 및 물산업 진흥에 관한 법률
130. 자원의 절약과 재활용촉진에 관한 법률
131. 전기 · 전자제품 및 자동차의 자원순환에 관한 법률
132. 건설폐기물의 재활용촉진에 관한 법률
133. 수도권매립지관리공사의 설립 및 운영 등에 관한 법률
134. 폐기물의 국가 간 이동 및 그 처리에 관한 법률
135. 폐기물처리시설 설치촉진 및 주변지역지원 등에 관한 법률
136. 자원순환기본법
137. 잔류성오염물질 관리법
138. 환경분쟁 조정법

해광출판사 대한민국 법령 시리즈

139. 화학물질의 등록 및 평가 등에 관한 법률
140. 환경오염시설의 통합관리에 관한 법률
141. 환경오염피해 배상책임 및 구제에 관한 법률
142. 중소기업제품 구매촉진 및 판로지원에 관한 법률
143. 환경개선비용 부담법
144. 환경분야 시험·검사 등에 관한 법률
145. 환경친화적 산업구조로의 전환촉진에 관한 법률
146. 환경친화적 자동차의 개발 및 보급 촉진에 관한 법률
147. 환경범죄 등의 단속 및 가중처벌에 관한 법률
148. 생명윤리 및 안전에 관한 법률
149. 장애인차별금지 및 권리구제 등에 관한 법률
150. 부동산투자회사법
151. 정치자금법
152. 과학기술기본법
153. 대리점거래의 공정화에 관한 법률
154. 상속세 및 증여세법
155. 학원의 설립 · 운영 및 과외교습에 관한 법률
156. 해양심층수의 개발 및 관리에 관한 법률
157. 전기용품 및 생활용품 안전관리법
158. 사회기반시설에 대한 민간투자법
159. 공직선거법
160. 정당법
161. 유류오염손해배상 보장법
162. 부정청탁 및 금품등 수수의 금지에 관한 법률
163. 항로표지법
164. 어장관리법
165. 민방위기본법
166. 공직자윤리법
167. 선거관리위원회법
168. 유선 및 도선 사업법
169. 전기공사업법
170. 사회복지사업법
171. 택지개발촉진법
172. 국가공무원법
173. 민간임대주택에 관한 특별법
174. 어음법·수표법
175. 민사집행법
176. 상법
177. 문화예술진흥법
178. 중소기업협동조합법
179. 농업협동조합법
180. 도로교통법
181. 의료사고 피해구제 및 의료분쟁 조정 등에 관한 법률
182. 산림보호법
183. 소년법
184. 동물보호법
185. 건축물관리법
186. 도시개발법
187. 화물자동차 운수사업법
188. 도시 및 주거환경정비법
189. 의료법
190. 국회법
191. 응급의료에 관한 법률
192. 출입국관리법
193. 노인복지법
194. 산림자원의 조성 및 관리에 관한 법률
195. 청소년 보호법
196. 초 · 중등교육법
197. 혁신도시 조성 및 발전에 관한 특별법
198. 경제자유구역의 지정 및 운영에 관한 특별법
199. 공공기관의 운영에 관한 법률
200. 대한민국헌법
201. 국민기초생활 보장법
202. 저작권법
203. 가사소송법
204. 국가유공자 등 예우 및 지원에 관한 법률
205. 국민체육진흥법
206. 전통주 등의 산업진흥에 관한 법률
207. 재난 및 안전관리 기본법
208. 정보통신공사업법
209. 주식회사 등의 외부감사에 관한 법률
210. 공익사업을 위한 토지 등의 취득 및 보상에 관한 법률
211. 개인정보 보호법
212. 국세기본법
213. 에너지이용 합리화법
214. 감정평가 및 감정평가사에 관한 법률
215. 국가인권위원회법
216. 가맹사업거래의 공정화에 관한 법률
217. 보건의료기본법
218. 산업안전보건법
219. 법무사법
220. 교육공무원법
221. 특허법
222. 민사소송법
223. 아동복지법
224. 전파법
225. 하도급거래 공정화에 관한 법률
226. 기초연금법
227. 사립학교교직원 연금법
228. 직업안정법
229. 장애아동 복지지원법
230. 부동산등기법
231. 자동차손해배상 보장법
232. 철도안전법
233. 항공안전법
234. 전자상거래 등에서의 소비자보호에 관한 법률
235. 독점규제 및 공정거래에 관한 법률
236. 상표법
237. 채무자 회생 및 파산에 관한 법률
238. 공무원연금법
239. 축산법
240. 근로복지기본법
241. 민원 처리에 관한 법률
242. 약사법
243. 방문판매 등에 관한 법률
244. 건축기본법
245. 지방세기본법
246. 지방세징수법
247. 지방자치법
248. 도시교통정비 촉진법
249. 공공주택 특별법
250. 국세징수법
251. 공인노무사법
252. 중대재해 처벌 등에 관한 법률
253. 외무공무원법
254. 소방시설공사업법
255. 검역법
256. 공중위생관리법
257. 할부거래에 관한 법률
258. 인터넷 멀티미디어 방송사업법
259. 전기통신사업법
260. 제품안전기본법
261. 철도사업법
262. 어린이제품 안전 특별법
263. 영유아보육법
264. 원자력안전법
265. 보험업법
266. 경비업법
267. 교통안전법
268. 세무사법
269. 관세사법
270. 공인회계사법
271. 지방공무원법
272. 고용정책 기본법
273. 국가경찰과 자치경찰의 조직 및 운영에 관한 법률
274. 협동조합 기본법
275. 재해구호법
276. 환경보건법

해광출판사 대한민국 법령 시리즈

277. 자살예방 및 생명존중문화 조성을 위한 법률
278. 소방산업의 진흥에 관한 법률
279. 소방기본법
280. 비송사건절차법
281. 자연환경보전법
282. 변호사법
283. 기업구조조정투자회사법
284. 전기통신기본법
285. 에너지법
286. 해양생태계의 보전 및 관리에 관한 법률
287. 사회보장기본법
288. 통신비밀보호법
289. 공증인법
290. 물류시설의 개발 및 운영에 관한 법률
291. 청소년활동 진흥법
292. 형의 집행 및 수용자의 처우에 관한 법률
293. 도시공원 및 녹지 등에 관한 법률
294. 태권도 진흥 및 태권도공원 조성 등에 관한 법률
295. 녹색건축물 조성 지원법
296. 우편법
297. 예금자보호법
298. 건설산업기본법
299. 금융회사의 지배구조에 관한 법률
300. 장애인활동 지원에 관한 법률
301. 언론중재 및 피해구제 등에 관한 법률
302. 국가재정법
303. 농지법
304. 게임산업진흥에 관한 법률
305. 정신건강증진 및 정신질환자 복지서비스 지원에 관한 법률
306. 디자인보호법
307. 의료기사 등에 관한 법률
308. 스마트도시 조성 및 산업진흥 등에 관한 법률
309. 내수면어업법
310. 한국주택금융공사법
311. 의료기기법
312. 유통산업발전법
313. 전통시장 및 상점가 육성을 위한 특별법
314. 여신전문금융업법
315. 해외자원개발 사업법
316. 산업교육진흥 및 산학연협력촉진에 관한 법률
317. 빈집 및 소규모주택 정비에 관한 특례법
318. 기업도시개발 특별법
319. 전력기술관리법
320. 국토기본법
321. 지하수법
322. 식품위생법
323. 광업법
324. 호스피스·완화의료 및 임종과정에 있는 환자의 연명의료결정에 관한 법률
325. 주식·사채 등의 전자등록에 관한 법률
326. 표시·광고의 공정화에 관한 법률
327. 골재채취법
328. 국민건강증진법
329. 새마을금고법
330. 여객자동차 운수사업법
331. 마리나항만의 조성 및 관리 등에 관한 법률
332. 한부모가족지원법
333. 국가를 당사자로 하는 계약에 관한 법률
334. 지방자치단체를 당사자로 하는 계약에 관한 법률
335. 축산물 위생관리법
336. 병역법
337. 음악산업진흥에 관한 법률
338. 국가균형발전 특별법
339. 첨단재생의료 및 첨단바이오의약품 안전 및 지원에 관한 법률
340. 공간정보의 구축 및 관리 등에 관한 법률
341. 공유수면 관리 및 매립에 관한 법률
342. 농수산물 유통 및 가격안정에 관한 법률
343. 아시아문화중심도시 조성에 관한 특별법
344. 신탁법
345. 자연공원법
346. 생활화학제품 및 살생물제의 안전관리에 관한 법률
347. 군인사법
348. 국제조세조정에 관한 법률
349. 낙동강수계 물관리 및 주민지원 등에 관한 법률
350. 주민등록법
351. 집합건물의 소유 및 관리에 관한 법률
352. 집단에너지사업법
353. 산림조합법
354. 반도체집적회로의 배치설계에 관한 법률
355. 자본시장과 금융투자업에 관한 법률
356. 담보부사채신탁법
357. 근로자퇴직급여 보장법
358. 국제과학비즈니스벨트 조성 및 지원에 관한 특별법
359. 수도법
360. 식품 등의 표시·광고에 관한 법률
361. 약관의 규제에 관한 법률
362. 인삼산업법
363. 종자산업법
364. 항공사업법
365. 건설기계관리법
366. 군형법
367. 궤도운송법
368. 기술의 이전 및 사업화 촉진에 관한 법률
369. 농수산물의 원산지 표시 등에 관한 법률
370. 담배사업법
371. 석유 및 석유대체연료 사업법
372. 가축전염병 예방법
373. 농어촌정비법
374. 식물신품종 보호법
375. 항공보안법
376. 중소기업창업 지원법
377. 군사법원법
378. 우주개발 진흥법
379. 해저광물자원 개발법
380. 산림복지 진흥에 관한 법률
381. 지능형 로봇 개발 및 보급 촉진법
382. 헌법재판소법
383. 옥외광고물 등의 관리와 옥외광고산업 진흥에 관한 법률
384. 혈액관리법
385. 국제항해선박 등에 대한 해적행위 피해예방에 관한 법률
386. 유료도로법
387. 독립유공자예우에 관한 법률
388. 신에너지 및 재생에너지 개발·이용·보급 촉진법
389. 신용정보의 이용 및 보호에 관한 법률
390. 출판문화산업 진흥법
391. 공항시설법
392. 국민 평생 직업능력 개발법
393. 아동·청소년의 성보호에 관한 법률
394. 방송법쉬
395. 신용보증기금법
396. 화장품법
397. 청소년 기본법
398. 인터넷주소자원에 관한 법률
399. 양곡관리법
400. 도로명주소법
401. 전자문서 및 전자거래 기본법
402. 산업기술의 유출방지 및 보호에 관한 법률
403. 국가기술자격법
404. 양식산업발전법
405. 산업기술혁신 촉진법
406. 새만금사업 추진 및 지원에 관한 특별법
407. 전자정부법
408. 지역 개발 및 지원에 관한 법률
409. 한국농어촌공사 및 농지관리기금법
410. 계량에 관한 법률
411. 기업활동 규제완화에 관한 특별조치법
412. 군에서의 형의 집행 및 군수용자의 처우에 관한 법률

해광출판사 대한민국 법령 시리즈

413. 규제자유특구 및 지역특화발전특구에 관한 규제특례법
414. 금융위원회의 설치 등에 관한 법률
415. 남녀고용평등과 일·가정 양립 지원에 관한 법률
416. 농어업인 삶의 질 향상 및 농어촌지역 개발촉진에 관한 특별법
417. 댐건설·관리 및 주변지역지원 등에 관한 법률
418. 국가유산수리 등에 관한 법률
419. 법원조직법
420. 보훈보상대상자 지원에 관한 법률
421. 부패방지 및 국민권익위원회의 설치와 운영에 관한 법률
422. 과학기술분야 정부출연연구기관 등의 설립·운영 및 육성에 관한 법률
423. 연구개발특구의 육성에 관한 특별법
424. 친환경농어업 육성 및 유기식품 등의 관리·지원에 관한 법률
425. 연안관리법
426. 영화 및 비디오물의 진흥에 관한 법률
427. 신용협동조합법
428. 방송통신발전 기본법
429. 범죄피해자 보호법
430. 가축 및 축산물 이력관리에 관한 법률
431. 국가표준기본법
432. 국가통합교통체계효율화법
433. 범죄인 인도법
434. 국가과학기술 경쟁력 강화를 위한 이공계지원 특별법
435. 국제경기대회 지원법
436. 금융혁신지원 특별법
437. 수자원의 조사·계획 및 관리에 관한 법률
438. 축산자조금의 조성 및 운용에 관한 법률
439. 소방시설 설치 및 관리에 관한 법률
440. 양성평등기본법
441. 축산계열화사업에 관한 법률
442. 수입식품안전관리 특별법
443. 대외무역법
444. 국가연구개발사업 등의 성과평가 및 성과관리에 관한 법률
445. 무역보험법
446. 기술사법
447. 광산안전법
448. 농약관리법
449. 농업·농촌 및 식품산업 기본법
450. 문화산업진흥 기본법
451. 부담금관리 기본법
452. 야생생물 보호 및 관리에 관한 법률
453. 한국은행법
454. 별정우체국법
455. 원양산업발전법
456. 콘텐츠산업 진흥법
457. 한국수출입은행법
458. 외국인투자 촉진법
459. 물류정책기본법
460. 전자서명법
461. 산업발전법
462. 산업표준화법
463. 소프트웨어 진흥법
464. 토지이용규제 기본법
465. 해수욕장의 이용 및 관리에 관한 법률
466. 정보통신 진흥 및 융합 활성화 등에 관한 특별법
467. 정보통신산업 진흥법
468. 지진·화산재해대책법
469. 소금산업진흥법
470. 위치정보의 보호 및 이용 등에 관한 법률
471. 외국법자문사법
472. 이러닝(전자학습)산업 발전 및 이러닝 활용 촉진에 관한 법률
473. 암관리법
474. 실용신안법
475. 가족관계의 등록 등에 관한 법률
476. 무인도서의 보전 및 관리에 관한 법률
477. 감사원법
478. 정보보호산업의 진흥에 관한 법률
479. 결혼중개업의 관리에 관한 법률
480. 공익신고자 보호법
481. 박물관 및 미술관 진흥법
482. 낚시 관리 및 육성법
483. 동산·채권 등의 담보에 관한 법률
484. 임금채권보장법
485. 국민투표법
486. 농림수산업자 신용보증법
487. 국가채권 관리법
488. 중소기업은행법
489. 식품안전기본법
490. 외국환거래법
491. 발명진흥법
492. 건설기술 진흥법
493. 기후위기 대응을 위한 탄소중립·녹색성장 기본법
494. 인체조직안전 및 관리 등에 관한 법률
495. 엔지니어링산업 진흥법
496. 신문 등의 진흥에 관한 법률
497. 식물방역법
498. 석탄산업법
499. 산업융합 촉진법
500. 비료관리법
501. 임업 및 산촌 진흥촉진에 관한 법률
502. 복권 및 복권기금법
503. 대규모유통업에서의 거래 공정화에 관한 법률
504. 뉴스통신 진흥에 관한 법률
505. 지능정보화 기본법
506. 자격기본법
507. 중소기업 기술혁신 촉진법
508. 국가공간정보 기본법
509. 농어업재해대책법
510. 방송광고판매대행 등에 관한 법률
511. 지식재산 기본법
512. 초고층 및 지하연계 복합건축물 재난관리에 관한 특별법
513. 해양 조사와 해양정보 활용에 관한 법률
514. 공간정보산업 진흥법
515. 공공기관의 정보공개에 관한 법률
516. 행정기본법
517. 해상교통안전법
518. 농어업재해보험법
519. 문화유산의 보존 및 활용에 관한 법률
520. 자연유산의 보존 및 활용에 관한 법률
521. 국토의 계획 및 이용에 관한 법률
522. 건축법
523. 국민건강보험법
524. 계엄법
525. 환경친화적 선박의 개발 및 보급 촉진에 관한 법률
526. 해양폐기물 및 해양오염퇴적물 관리법
527. 연안사고 예방에 관한 법률
528. 전기안전관리법
529. 의약품 등의 안전에 관한 규칙
530. 공공보건의료에 관한 법률
531. 군보건의료에 관한 법률
532. 농어촌 등 보건의료를 위한 특별조치법
533. 보호소년 등의 처우에 관한 법률
534. 국가를 당사자로 하는 소송에 관한 법률
535. 간호법
536. 국립묘지의 설치 및 운영에 관한 법률
537. 주류 면허 등에 관한 법률
538. 부가가치세법

*** 해광출판사의 법령 시리즈는 계속 발행 됩니다.**
**** 각 도서의 개정판은 인쇄일을 기준으로 제작 되었습니다.**